Weihnachten
für Erwachsene

Johannes Toegel

Weihnachten für Erwachsene

Verborgene Schätze

styria premium

Inhalt

Gewidmet
den Pionieren, Mitarbeitern und Sympathisanten
des Zweiten Vatikanischen Konzils,
meiner Frau Irene
und allen hilfreichen Kräften.

Partitur für eine Symphonie
verborgener Schätze
Vorwort

Dieses Buch ist nicht in Kapiteln geschrieben, sondern
in musikalischen Sätzen – wie eine Symphonie.

Das liegt daran, dass es nicht einfach eine Weihnachts-
geschichte ist, nicht einfach eine Erzählung und auch
keine intellektuelle Abhandlung, sondern etwas anderes.
Es ist eine Anregung, sich mit dem Thema der Weihnacht auf vielen Ebenen der Seele gleichzeitig zu be-
fassen, eine Sammlung von Impulsen, die zusammen-
wirken wie die Melodien und die Harmoniewechsel in
einem Werk klassischer Musik. Verschiedene Instru-
mentengruppen greifen das Thema auf, verarbeiten es,
führen es durch verschiedene Klangfarben und Welten
und nehmen dabei den Zuhörer in vielfältiger Weise
mit.

Der rote Faden, der sich durch dieses Buch zieht, wird
ähnlich wie ein musikalisches Thema variiert, manchmal durch überraschende Wendungen erfrischt und
dann wieder zum Wesentlichen zurückgeführt, das sich
nicht einfach in ein paar Worten oder intellektuellen
Kategorien fassen lässt.
Weihnacht ist ein Mysterium, ein Geheimnis, eine tiefe Berührung des Wesens. Man kann das Thema nur

umspielen, umkreisen, immer wieder aufnehmen und dann loslassen.

Denn auch das Loslassen, das Unvollständige, das „Nicht-zu-Ende-Führen", gehört zum besonderen Reiz und zu den Mitteln dieser Anregung.

Ein Schwung wird gegeben, eine Melodie wird begonnen, die vom Geist selbstständig weitergeführt wird, sich von den Begriffen und Bildern und Worten löst, und dann allmählich auf das Wesentliche zufließt.

In dieser Bewegung darf man das Herz nicht stören, sondern sollte ihm immer wieder Raum und Zeit geben.

Lassen Sie sich ein Stück mitnehmen von diesem Strom, von diesem Ereignis, und genießen Sie die Worte, die Bilder und Gedanken, die Sätze und die Poesie einer anderen Welt. Genießen Sie es wie ein Konzert, wie den Gesang des Windes im Wald, das Rauschen der Flügel der Engel,

– oder eben den Klang der Seele.

Aufgrund der besonderen Struktur dieses Textes befinden sich die meisten Quellenverweise im Anhang, um den Lesefluss und die Meditation nicht zu stören.

Some people feel the rain
Einleitung

Some people feel the rain.
Others just get wet.

Bob Marley

Weihnachten ist eine wunderbare Sache, ein Fest, das die Herzen der Menschen bewegt, aber irgendwie haben wir den Zugang verloren. Die Monokultur unserer Gedanken hat alle wilden Pflanzen und Blumen verdrängt, die sonst am Wegesrand wachsen, und sie hat uns in eine Einöde versetzt, der scheinbar nur schwer zu entkommen ist.

Aus den erfreulichen Ereignissen, aus den Blüten des Lebens, ist ein Strom der Hektik geworden, der uns mit sich reißt. Das gilt auch für das Weihnachtsfest. Die Geschenke müssen gekauft werden, das Fest ordentlich organisiert. Aber sogar wenn alles klappt, sogar wenn alles gut geht, scheint immer irgendwie das Wesentliche auf der Strecke geblieben zu sein.

Ich erinnere mich noch an die Öde vor dem Weihnachtsbaum: Die Lichter glitzern, die Päckchen warten und die Familie steht da und singt die Weihnachtslieder (ziemlich falsch; als Musiker höre ich das leider). Alle warten auf etwas, das aber nicht kommt. Gut gemeint, natürlich, und auch rührend, aber trotzdem: Das kann es doch nicht sein!

Wie kommen wir zurück zum Wesentlichen, zum Mysterium der Nacht, die die Geschichte der Menschheit verwandelt hat, zum Mysterium, das immer noch da ist, das sich ständig wiederholt und neu belebt, ob wir es bemerken oder nicht.

Wie können wir dorthin zurückkehren?

Welt im Wandel

Die Welt ist im Wandel. Das gilt sogar für die großen Gebirge, warum nicht auch für uns Menschen und selbst für die Religion mit ihren ewigen Wahrheiten? Was sind schon 2000 Jahre, geschweige denn ein paar Jahrhunderte, angesichts der großen Entwicklungslinien dieses Universums?

Das Weihnachtsfest gehört zu den großen Knotenpunkten im Jahreskreislauf und wird sicher schon seit langer Zeit, seit ewiger Zeit wahrgenommen. Schon vor den Christen, vor den ersten großen Kulturen, ja sogar schon vor dem Entstehen der Menschheit hat die große Gemeinschaft der Lebewesen diesen Wandel gefühlt und ihn in ihrer Weise gefeiert. Dieser seltsame Zufall, dass die Erdachse gerade im Winkel der Ekliptik zur Sonne steht, hat den wunderbaren Wandel der vier Jahreszeiten bewirkt, der für die Gestalt der Wesen auf dieser Erde, Tiere und Pflanzen, von so entscheidender Bedeutung ist ebenso wie für den Zustand der Atmosphäre oder für das Fließen des Wassers von den Kontinenten ins Meer.

Kein Wunder also, dass dieser Übergang auch heute in unserer materialistischen Zeit nicht ganz ignoriert werden kann. Noch immer feiern wir Weihnachten und Neujahr, obwohl es in der digitalen Zeit und am Kalender des Internet keinen wirklichen Grund mehr dafür gibt. Trotzdem, wir Menschen halten an unseren Gebräuchen und Gewohnheiten fest, und unterwerfen uns nicht einfach der Gleichgültigkeit und Beliebigkeit des mathematisch-technischen Einerleis.

Da gibt es also die Natur und den Kosmos, und darin die kleine Menschheit – so klein natürlich auch nicht, denn mittlerweile sind wir einige Milliarden stark geworden und haben die ganze Erdoberfläche besiedelt und verwandelt. Wir sind ein Global Player geworden auf diesem Planeten und bestimmen maßgeblich sein Schicksal mit.
Und nun feiern wir also zusammen diesen Jahreswechsel und haben ihm auch einen spirituellen Sinn gegeben, eine religiöse Deutung, die uns aus der Vergangenheit her überliefert wurde:
Was ist nun diese Deutung?

Die Geburt des neuen Lichts des Jahres ist ein Bild und eine Erinnerung an die Geburt des Göttlichen im Menschengeschlecht. Die steigende Sonne, die mit ihrer Wärme das Leben wieder aus der Erde hervorruft, das im Winter in der Kälte erstarrt ist, diese Sonne ist das Bild für die unsichtbare Güte, die alles gestaltet, und die die besten Kräfte in uns hervorruft: ein einleuchtendes Bild.

Aber es hat eine Form und eine Tradition, die natürlich zeit- und gesellschaftsbedingt sind. Da sich Zeit und Gesellschaft wandeln, wird diese Form unweigerlich früher oder später ein wenig unpassend und seltsam. Wird sie nicht an die neuen Verhältnisse angepasst, dann gerät sie in Verfall, und in diesem Verfall entwickelt sie Zerrformen, Zeichen der Dekadenz und Zerstörung.

So etwas haben wir heute vor uns. Denn das ursprünglich sinnvolle Fest der Weihnacht, der Geburt des Erlösers und der Hauptgestalt unserer spirituellen Kultur ist offensichtlich in Verfall geraten und hat seine lebendige Wirkung weitgehend eingebüßt. Wer fühlt sich schon wirklich erlöst durch diese Geburt? Wer wird noch erfüllt von Schauern des Glücks durch die Botschaft der Engel in der Heiligen Nacht? Wer kann wirklich feiern, dass die Zeit der Gefangenschaft für ihn vorbei ist?

Unter diesen Umständen mag es erlaubt sein, die traditionellen Formen beiseitezuschieben und ohne alle Vorurteile neu anzufangen, den Sinn des Festes neu zu erleben und seine wahre Bedeutung zu suchen, die jenseits von Bildern und Worten, die jenseits von Vernunft und Verstand sowohl die äußere als auch die innere Welt durchzieht.

Nur eine Meditation, ein tiefes Erleben der Wirklichkeit ohne alle Vorurteile und Eingrenzungen, kann dies erreichen. Auf die Entdeckungsreise einer solchen Meditation möchte ich Sie in diesem Buch herzlich einladen.

Weihnachten für Kinder sind ohne Zweifel eine schöne Sache. Aber das, worum es hier gehen soll, sind neue Weihnachten, reifere Weihnachten, also Weihnachten für Erwachsene.

Aber wie kommen wir dorthin?

Als Erstes, natürlich, sollten wir still werden und hören, wir sollten innehalten und dem Strudel unserer ständigen Tätigkeiten Gelegenheit geben, sich zu setzen – wir können Platz nehmen in der Wirklichkeit, hier ankommen und aufatmen.

Dazu nun eine kleine Meditation.

Innehalten

Erste Meditation

Der Dirigent hebt den Taktstock.
Das Stimmen der Instrumente,
dieser typische Klangteppich vor dem Beginn eines
Konzerts, verstummt und verklingt,
im Saal wird es ruhig.

Innehalten

Und dann löst sich der Strom der Musik aus den
Fesseln der Vergangenheit und des Vergessens und
erfüllt den Raum mit seiner Gegenwart,
es klingt in allen gemeinsam,
im Dirigenten, in jedem der Musiker, in jedem
Zuhörer.

Innehalten

Ohne den Moment der Sammlung am Anfang der
Bewegung, am Anfang des Tages
und vor jedem guten Gespräch, kann nichts von
Wert entstehen.

Innehalten ist ein sehr schönes Wort unserer
Sprache.
Allein dieses Wort zu hören, bewegt uns schon nach
innen, zu uns selbst.
Es meint ein Raum-Schaffen,
eine kleine schöpferische Pause, damit wir den Takt
finden, den richtigen Einstieg in das Konzert der
Wirklichkeit.

Das gelegentliche Innehalten, die kleinen Pausen und
die Freiwilligkeit unseres Mitspielens im Orchester
des Lebens;
das macht den Unterschied aus!

Es macht den Unterschied, ob wir in einem Gefängnis
sitzen, in einem vergitterten Käfig; oder ob wir uns
auf dem Spielfeld unserer Termine und Verpflichtungen
frei bewegen können, und so das Feld des Lebens mit
Sinn erfüllen.

1. Satz

Thema

Die Nachtwache

*Was geschah
in dieser Nacht?*

Die Hirten auf dem Feld

In jener Gegend lagerten Hirten auf freiem Feld und hielten Nachtwache bei ihrer Herde.

Was haben die Hirten und Hirtinnen von Bethlehem, wörtlich dem Brot-Haus, wohl wirklich erlebt, als sie die kalte Winternacht bei ihrer Herde verbrachten?
Stellen wir uns das ganz plastisch vor. Wir sind einer von ihnen und sitzen mit einem übergeworfenen Tuch oder einem grob gegerbten Fell am Lagerfeuer. Die Zeit vergeht, es ist eine lange Nacht. Die Sinne sind geschärft, die Augen sehen den leisesten Lichtschein, das Glitzern der Sterne und das Leuchten in den Augen der Tiere und Menschen. Die Ohren hören das leiseste Geräusch, jeden losgetretenen Stein, jedes knackende Ästchen und jeden Hauch des Windes. Nichts entgeht uns, und unsere Sinne sind wachsam gespannt.
Wir sind die Hüter der Herde, und es ist unsere Aufgabe, sie vor Raubtieren und Unfällen zu schützen. Vielleicht schleichen Wölfe oder Wildkatzen um unser Lager und warten nur auf eine günstige Gelegenheit, um ein junges Tier zu reißen. Vielleicht schleicht sich etwas anderes heran, etwas, das wir nicht kennen, etwas, das im Dunkel der Nacht verborgen ist, etwas geheimnisvoll Gefährliches.
Angst vor dem Unsichtbaren, Unerwarteten ist etwas, das die Seele wohl kennt, und das wir manchmal nur mühsam unterdrücken können. Vielleicht sind es Räu-

ber, die durch die Nacht schleichen oder eine römische Patrouille, schließlich ist es ein besetztes Land, regiert von fremden Soldaten. Aber dann gibt es eine noch größere Angst, nicht vor den sichtbaren Kräften, den Menschen und Tieren, sondern vor ganz anderen Mächten und Gewalten, die in der Stille der Nacht und der Einsamkeit allmählich spürbar werden.

Wir rücken ein wenig näher zum Feuer und werfen einen vertraulichen Blick zu unseren Gefährten und Gefährtinnen, das gibt uns ein wenig Sicherheit, und wir entspannen uns wieder.

Aber nach einer Weile kehrt sie wieder, die Angst, das Gefühl der Unruhe und der Gegenwart anderer Kräfte, die unserem Verstand und unserem Willen nicht gehorchen.

Unruhig ist mein Herz, bis es Ruhe findet in Dir. Diese grundsätzliche Unsicherheit wohnt in jedem menschlichen Herzen, solange es nicht den eigenen, tragenden Grund gefunden hat. Angst entsteht, weil wir unsere wahre Natur nicht kennen!

Es ist eine besondere Nacht, das spüren wir alle, irgendetwas Ungewöhnliches ist am Werk. Himmel und Erde sind sich näher als sonst, der Atem des Jahres ist an einem Übergang, und die Natur bereitet sich auf einen Wandel vor. Die Nächte sind immer länger geworden, und das Licht der Sonne hat sich zurückgezogen, immer weiter bis zum tiefsten Punkt. Und jetzt, noch kaum spürbar, noch kaum ahnbar, kommt eine Wende, unsichtbar, mitten in der Nacht und doch voller Licht.

Am Himmel erscheint ein neuer Stern, ein starkes Leuchten, genau über uns, ein Zeichen, dass auch unten auf der Erde etwas Neues kommt, etwas, das weitreichende, kosmische Dimensionen hat.

Und dann verdichtet sich das Geschehen, der *Kairos*, der einzigartige Moment, entfaltet seine Wirksamkeit, und die Menschen werden ergriffen von etwas, das sie nicht verstehen und nicht begreifen können, etwas, das sie belebt und verwandelt, etwas, das man nur in Bildern und Gleichnissen beschreiben kann. Die Bibel drückt es so aus:

Da trat der Engel des Herrn zu ihnen, und der Glanz des Herrn umstrahlte sie. Sie fürchteten sich sehr, der Engel aber sagte zu ihnen: Fürchtet euch nicht, denn ich verkünde euch eine große Freude, die dem ganzen Volk zuteil werden soll:
Heute ist euch in der Stadt Davids der Retter geboren ...

Fürchtet euch nicht, euch geschieht nichts Böses, im Gegenteil, ganz im Gegenteil, freut euch, freut euch mit uns! Es sind keine menschlichen Stimmen, die so reden, es sind Wesen der Seele und des Geistes, die in dieser Nacht Freude verkünden und den Menschen nahe kommen, denn diese Menschen geht es etwas an, was hier im Gange ist. Nicht irdische Kräfte und nicht das alltägliche Einerlei sind hier am Werk, sondern ein Ereignis, das weit über die Geschichte und den Horizont eines kleinen Bergstammes hinausgeht.

Noch einmal, fürchtet euch nicht, dass eure kleinen Herzen einer himmlischen Macht begegnen, einem himmlischen Heer, das nicht ausgezogen ist, um zu kämpfen oder zu zerstören, sondern um Gott zu loben und den Menschen eine große Freude zu verkünden. Das Evangelium setzt so fort:

Und plötzlich war bei dem Engel ein großes
himmlisches Heer, das Gott lobte und sprach:
Verherrlicht ist Gott in der Höhe,
und auf Erden ist Friede
bei den Menschen seiner Gnade.

Auf Erden ist Friede ..., singt der Chor der Engel. Was bedeutet das?
Es bedeutet: Ihr seid frei geworden! Die Zeit des Wartens ist vorüber und die Elendsgeschichte der Menschheit verwandelt sich in Glück. Euch ist heute der Retter geboren, der Messias, der gekommen ist, um Frieden zu bringen, Gerechtigkeit und Glück, etwas, das euch mit all eurer Anstrengung und Mühe, mit all eurem Eifer in Jahrhunderten und Jahrtausenden nicht gelungen ist, ganz im Gegenteil, die Verwirrung und die Not sind größer als je zuvor. Aber gerade das wird sich jetzt ändern, gerade das wird jetzt geheilt, gerade im tiefsten Dunkel geht das hellste Licht auf.

Und das soll euch als Zeichen dienen: Ihr werdet ein
Kind finden, das in Windeln gewickelt in einer Krippe
liegt!

Als die Engel sie verlassen hatten

Der Kairos, der einzigartige Moment, und das Auftauchen himmlischer Gestalten gehen langsam vorüber. Solche Ereignisse dauern nicht an, und nach einer Weile kehrt die Besinnung zurück, der gewöhnliche Verstand setzt wieder ein und versucht zu begreifen, was eben geschehen ist. Es ist ein wenig wie das Aufwachen aus einem Traum: Wo endet die Fantasie und wo beginnt die Wirklichkeit?

Friede auf Erden ... Ihr werdet ein Kind finden ... Rätselworte aus einer anderen Welt sind im Gedächtnis geblieben und klingen noch nach, eine Berührung des Herzens, ein Gefühl der Erhabenheit.

Es ist einer der Hirten, der sich zuerst fasst und wieder in die nüchterne Realität zurückfindet. Er ist ein wenig mürrisch, und wie um seine Rührung zu verbergen gibt er sich besonders kritisch: „Ein neuer König, Friede auf Erden, wenn ich das schon höre! Da gibt es nichts als Ärger für uns kleinen Leute, ihr werdet ja sehen. Lauter Vertröstungen und Kindergeschwätz. Auch die Römer haben uns Frieden versprochen, die berühmte Pax Romana, und was haben wir bekommen? Militärposten an jeder Ecke und einen Haufen neue Steuern. Jetzt muss sich schon jeder registrieren lassen, in Steuerlisten eintragen. So etwas hat es seit Menschengedenken noch nie gegeben!

Ihr werdet sehen, es wird so weit kommen, dass man von jedem die Fingerabdrücke nehmen wird, wie von einem gemeinen Verbrecher, um ihn besser überwachen und kontrollieren zu können."

„Aber, aber", beruhigt ihn da ein anderer der Hirten. „So weit wird es niemals kommen, aber mit dem einen hast du schon recht: ein neuer König bedeutet immer als Erstes neue Steuern. Und außerdem, die Römer und König Herodes werden das sicher nicht gerne sehen, und es wird zu Kampf und Krieg kommen, und was das bedeutet, wissen wir ja alle."

Die anderen in der Runde nicken.

„Also sollten wir mit unserer Freude etwas vorsichtig sein. Und da gibt es noch etwas anderes. Ich habe gehört, dass dieser neue König auch ein neues Gesetz bringen soll, Gerechtigkeit für dieses Land. Aber haben wir nicht jetzt schon mehr als genug Gesetze und Vorschriften? Soll denn das nie aufhören? Was ist überhaupt Gerechtigkeit? Sind das immer mehr neue Gesetze, wie unsere Schriftgelehrten und Pharisäer sagen, immer mehr Kontrolle und Unterdrückung?"

Wie die Hirten so weit gekommen sind, kann ich es nicht mehr länger aushalten und mische mich in das Gespräch ein, auch wenn ich nur ein Gast aus ferner Zukunft bin: „Ja, genau, was ist Gerechtigkeit? Worum geht es heute Nacht, was meinen die Engel? Lasst mich dazu eine Geschichte erzählen, eine Begebenheit aus meiner Welt!"

Die Hirten sind erstaunt, einen Fremden so reden zu hören, aber sie wenden sich mir zu und einer von ihnen sagt: „Erzähle!"

Und so beginne ich:

Die neue Welt

„Hört zu: Das Mädchen war 17, als sie ihr Heimatdorf verließ. Sie kam aus einer großen Familie, das Leben war einfach und klar, aber in letzter Zeit war es überall ein bisschen eng geworden.

Als dann im letzten Jahr die Missernte kam, tagte der Familienrat. Ein oder zwei Mitglieder der Familie sollten in die Stadt gehen, um dort zu arbeiten und die anderen zu unterstützen.

So war es denn gekommen, dass das Mädchen in Bangkok auf Stellensuche war. Erst voller Hoffnung, aber dann, nach einiger Zeit, immer verzweifelter. Und eines Tages hatte ihr jemand eine andere Möglichkeit angeboten, etwas Leichteres, etwas, mit dem man in kurzer Zeit hundertmal soviel verdienen konnte. Erst hatte sie entrüstet abgelehnt, aber nach Wochen weiteren vergeblichen Suchens hatte sie alle Bedenken beiseite geschoben und es einmal versucht. Es kam, wie es kommen musste, und es blieb natürlich nicht bei dem einen Mal.

Wenn sie jetzt durch die Straßen von Bangkok geht und die vielen hübschen, jungen Mädchen aus gutem Hause sieht, die so nett und ahnungslos ihr Leben führen, kommt sie sich unrein und schmutzig vor. Sie hasst sich selbst für das, was sie tut, und sogar das Geld bleibt in der Stadt. Fast gar nichts kann sie ihrer Familie senden.

Dieses ist, weil jenes ist.
Dieses ist nicht, weil jenes nicht ist.
Die Dinge hängen zusammen, eines ergibt das andere und alles ist miteinander verbunden. Können wir das Mädchen verurteilen, können wir sagen: Du hast falsch gehandelt? Sind nicht wir alle mit ihr verbunden, ist nicht ihr Schicksal auch unser Schicksal, und ist sie nicht so, weil wir so sind?
Das Gesetz sagt: Du bist schuld, trage deine Strafe.
Aber ist das wirklich menschlich?
Sollen wir sie verurteilen?"

Nachdem ich meine Geschichte beendet habe, schweigen alle einen Moment etwas verständnislos, daher setze ich fort und erkläre, was ich meine:
„Macht euch keine Sorgen, dass der neue König, der hier geboren wird, euch neue Sorgen machen und Lasten auferlegen wird. Ganz im Gegenteil, er ist gekommen, eine ganz andere und neue Art von Gerechtigkeit zu zeigen, die sich erst in ferner Zukunft ganz entfalten wird.
Lasst mich dazu noch eine Geschichte aus dem zukünftigen Leben dieses Kindes erzählen, so wie ich sie selbst gehört habe."
Und damit erzähle ich weiter:

„Stellt euch vor, eine johlende Menschenmenge kommt heran. Sie haben ein Schauspiel gefunden, für das es sich lohnt, ein wenig Zeit einzusetzen. Eine Frau wurde auf frischer Tat beim Ehebruch ertappt, und diese

Schande muss aus dem Volk Israel getilgt werden. So will es das Gesetz. Das ist Ordnung. Das ist Gerechtigkeit.

Und da ist ein neuer Lehrer, ein Gottesmann, der die Heiligkeit ganz besonders genau nimmt. Er hat sogar im Tempel die Tische der Geldwechsler umgestoßen und die Taubenhändler vertrieben. Er meint es offenbar wirklich ernst mit seinem göttlichen Auftrag.

Was wird er zu dieser Sache sagen?

Natürlich ist das alles nicht ganz ungefährlich. Es ist keine Kleinigkeit, unter römischer Herrschaft einfach einen Menschen zu töten. Das wäre ein willkommener Anlass für die eifersüchtigen Schriftgelehrten und Pharisäer, um den neuen Propheten anzuklagen.

‚Rabbi, da ist diese Frau, die beim Ehebruch ertappt wurde. Das Gesetz Mose schreibt uns vor, solche Frauen zu steinigen. Was sagst du?'

Jesus antwortet nicht. Er sitzt und schreibt mit dem Finger im Sand. Hartnäckig drängen die Frager weiter, die Menge wartet. ‚Was sollen wir tun?'

Endlich, nach langer Zeit, in der nicht die natürliche, die naheliegende Reaktion eingesetzt hat, hebt Jesus den Blick und betrachtet traurig die Fragesteller und die Menge, die lüstern auf das Ereignis wartet.

‚Wer ohne Sünde ist, der werfe den ersten Stein! Wer keinen Anteil hat an der Tat dieser Frau, wer von sich behaupten kann, dass er mit alledem, mit all dem Unrecht, mit all der Verwirrung nichts zu tun hat, der soll richten.'

Einer nach dem andern, heißt es, lässt den Stein fallen, den er schon bereitgehalten hat, und verlässt beschämt den Ort.

Jesus bleibt allein mit der Frau zurück.

‚Wo sind sie alle? Hat dich keiner verurteilt?‘

‚Keiner!‘

‚Dann verurteile auch ich dich nicht. Gehe hin und sündige fortan nicht mehr.‘

Eine große Volksmenge folgt diesem Mann. Immer wieder heilt er Kranke und immer wieder hält er an und spricht zu den Menschen in Worten, die das Herz bewegen. Er spricht nicht wie die Schriftgelehrten, sondern wie jemand, der wirkliche Einsicht und Autorität hat.

Jetzt ist er auf einem Berg, und so wie Moses damals die Gesetzestafeln empfangen hat und sie dem Volk vorträgt, so spricht der wandernde Gottesmann von dem neuen Gesetz, von dem neuen Bund, der den alten aufhebt.

Es ist eine seltsame Lehre, die er in dieser ‚Bergpredigt‘, andere nennen sie eine Feldrede, verkünden wird.

‚Selig sind die Armen, freut euch, wenn ihr verfolgt werdet!

Liebet eure Feinde! Denn wenn ihr nur die liebt, die euch lieben, welche Leistung ist das schon? Liebe deinen Nächsten wie dich selbst!‘

Aug’ um Aug’, Zahn um Zahn, das war die Logik der alten Epoche, das ist die Logik der Abschreckung und der Blutrache, um in dieser brutalen Welt einigermaßen sicher leben zu können. Darauf beruht bis heute unser Denken und Handeln, aber ist das wirklich menschlich?“

Der Menschensohn

Es kam mit den Wolken des Himmels
einer wie ein Menschensohn.
Ihm wurden Herrschaft,
Würde und Königtum gegeben.

Seine Herrschaft ist eine ewige
unvergängliche Herrschaft.
Sein Reich geht niemals unter.

Dan 7,13f

Was bedeutet das Bild vom Menschensohn, warum hat
Jesus selbst sich gerne so genannt, sogar an entscheidender Stelle vor dem Hohen Rat in Jerusalem, was
bedeutet das Aufleuchten dieser Gestalt in der Weihnachtsnacht, bei der Geburt des Messias?

Vielleicht haben sich das die Soldaten nicht wirklich
gefragt, die Soldaten, die im Ersten Weltkrieg aus den
Schützengräben geklettert sind, um mit ihren Brüdern
von der anderen Seite der Frontlinie zusammenzusitzen, ein wenig zu lächeln und gemeinsam zu essen. Ein
spontaner Waffenstillstand hat damals, zu Weihnachten
1914, am Anfang des großen Krieges, als die Herzen
noch nicht völlig verhärtet waren, die Logik der Gewalt
und der Vergeltung durchbrochen und die Menschen
friedlich zusammengeführt.
Schade, dass es nicht dabei geblieben ist, das Schicksal
Europas wäre ganz anders verlaufen.

Die Menschen wussten damals wahrscheinlich gar nicht genau, was sie taten, aber ihre Herzen hatten instinktiv das Richtige getroffen und den Sinn der Weihnachtszeit und das Kommen des Menschensohns erfasst, zumindest für einen Augenblick.

Etwas Ähnliches muss den Hirten auf dem Feld begegnet sein, eine Ahnung des Kommenden, eine Ahnung der Überwindung der tierischen Existenz und der Brutalität im Menschengeschlecht, als sie die Engel singen hörten:

> *Verherrlicht ist Gott in der Höhe,*
> *und auf Erden ist Friede*
> *bei den Menschen seiner Gnade.*

Israel war mit diesen Tatsachen vertraut, der Logik der Vergeltung und Unterdrückung; ein kleines Land zwischen mächtigen und oft gewalttätigen Nachbarn. Da gab es u. a. die Babylonier, die Ägypter, die Assyrer, die Perser und schließlich die Griechen und die Römer, alles Imperien mit wohlgerüsteten und gut organisierten Armeen. Ein Reich löste das andere ab, eine Herrschaftsform und ein bestimmter Regierungsstil den anderen.

Die Propheten der Juden waren hellsichtige Menschen mit einem klaren Urteilsvermögen. Sie beobachteten das Kommen und Gehen dieser Machtsysteme und verglichen sie mit verschiedenen Raubtierarten, mit Bären, mit Löwen usw.

Aus diesem Zusammenhang stammt die Vision vom Menschensohn, der die Reihe der Aufeinanderfolge dieser verschiedenen tierischen Gewalten endlich beenden sollte. Ein Löwe mit Adlerflügeln wird hier genannt, ein reißender Bär, ein Panther mit Flügeln und vier Köpfen und zuletzt ein schreckliches und starkes Tier mit Zähnen aus Eisen und zehn Hörnern, ein Tier, das alles zertrampelt, was vor ihm liegt, bevor endlich das Unheil abgewendet wird.

Survival of the fittest, der Sieg des stärksten, geschicktesten und rücksichtslosesten Kämpfers, das ist scheinbar die Logik der biologischen Evolution, die ganz eigenartige Formen annimmt, wenn sie sich mit der menschlichen Intelligenz paart. Die römischen Legionen, das römische Rechtssystem und die Hochkultur von Wissenschaft, Philosophie und Literatur, das war die helle Seite des Systems, aber mit dem hässlichen Schatten der Sklavenwirtschaft und der Gewaltherrschaft, denn das war die deutlichste Form der Unterdrückung, die bei den Menschen damals gerade üblich war.

Das Römische Imperium war wahrscheinlich die erste große Gestalt dessen, was der deutsche Philosoph Martin Heidegger später „das Gestell" genannt hat: Die Durchorganisation aller Lebensbereiche. Zum ersten Mal musste man sich registrieren lassen, eintragen in Steuerlisten, um so sichtbar und spürbar in das System der Überwachung aufgenommen zu werden. Erinnern wir uns an den „harmlosen" Anfang des Weihnachtsevangeliums:

*In jenen Tagen erließ Kaiser Augustus den Befehl, alle
Bewohner des Reiches in Steuerlisten einzutragen. Dies
geschah zum ersten Mal; damals war Quirinius Statthalter von Syrien. Da ging jeder in seine Stadt, um sich
eintragen zu lassen.*

Befreiung von dieser Entwicklung, Befreiung zu einer
wahrhaft menschlichen Existenz, Befreiung vom Schatten der Vergangenheit und die Eröffnung einer echten
Zukunft, das war die große Hoffnung der Menschen
damals ... und heute.

*Und das soll euch als Zeichen dienen: Ihr werdet ein
Kind finden, das in Windeln gewickelt in einer Krippe
liegt.*

Seltsam, dass hier, in dieser Botschaft der Engel, nicht
betont wird, dass dieses Kind selbst der Messias ist. Was
wollen sie wohl damit sagen?
Bedeutet es nicht: Dieses Kind ist ein Zeichen! Der Menschensohn ist die Entwicklung der Menschheit, die an unzähligen verschiedenen Zeichen sichtbar wird, nicht nur
an einem einzigen Ort und zu einer bestimmten Zeit.
Und trotzdem, genau hier, in diesem Ereignis, konzentriert sich das Geschehen schon in wunderbarer Weise
und öffnet ein Tor für die, die Augen haben zu sehen,
und Ohren zu hören.

*Some people feel the rain ...
Manche Leute spüren den Regen ...*

Kehren wir nach diesem Gedankenausflug wieder an das Lagerfeuer zurück, das wir für einen Moment verlassen haben, und betrachten wir den Nachthimmel und den neuen Stern, um uns wieder zu sammeln und etwas zu beruhigen.

2. Satz

Variation

Die drei Könige

*Was sagen die anderen
Kulturen dazu?*

Könige und Herrscher

Wie die Hirten, und wir mit ihnen, so am Lagerfeuer sitzen und den neuen Stern bewundern, der gerade aufgegangen ist, da geschieht etwas Neues, Unerwartetes, etwas, das die Ereignisse vertieft und deutet in dieser wunderbaren Nacht.

Zunächst ganz leise, von fern, hört man ein feines Singen, wie von zarten Glocken. Etwas nähert sich, und man weiß noch nicht recht, ist es irdisch oder himmlisch, ein Gedankenhauch oder greifbare Wirklichkeit – jetzt ist ja alles möglich.

Es fühlt sich nicht an wie eine Räuberbande oder fremde Soldaten, obwohl sich beim Näherkommen leises Hufgeklapper vernehmen lässt und die typischen Geräusche einer kleinen Karawane. Wer oder was geht hier durch dieses raue Land? Hat sich etwa jemand verirrt? Der Schein des Lagerfeuers ist hell genug, um auch aus der Ferne Wanderer anzulocken, die im Finstern den Weg verfehlt haben. Vielleicht sind es solche Leute, die nun schon deutlich hörbar werden, und sich dem Kreis nähern.

Aber als der Lichtschein den ersten der Reiter erfasst, da staunen die Hirten über die schöne und fremdartige Gestalt. Was ist das Neues, das hier aus dem Dunkel der Nacht auftaucht?

Nein, das ist kein verirrter Wanderer, keiner der nur Schutz vor der Kälte oder Nahrung oder Rat für den Weg sucht. Nein, hier ist einer, der offenbar ganz genau weiß, was er will und was er tut. Seine ganze Gestalt strömt Weisheit und Sicherheit aus, und um ihn herum ordnen sich die Dinge von selbst an, so groß ist seine natürliche Ausstrahlung und Majestät. Trotzdem, er ist kein Wesen aus einer anderen Welt, kein Engel, kein Geistwesen, kein Gedankengebilde, sondern offensichtlich ein Mensch aus Fleisch und Blut.

Und nach diesem ersten Gast kommt ein weiterer von derselben Art, aber doch auch wieder nicht, denn er ist anders gekleidet, in anderer Form, von einem anderen Volk, aber ebenso voller Majestät. Es sind keine gewöhnlichen Menschen, die hier durch die Nacht reiten, das ist offensichtlich.

Und nach dem Zweiten kommt noch einer, ein Dritter, wieder neu, wieder der Bote eines fremden und fernen Landes, das Abbild einer anderen Kultur, prächtig und schön anzuschauen.

Und nach ihnen kommen Freunde und Helfer, und auf den Lasttieren folgen die gewöhnlichen Dinge, die der Mensch auf seinen Reisen braucht; auch diese Dinge fremdartig, aber offenbar edel und von hervorragender Beschaffenheit.

Die Reiter sind erfreut und überrascht, hier auf freiem Felde wachende Menschen vorzufinden. Ihr Ziel ist ein anderes, ganz in der Nähe, aber freundlich entbieten sie den Lagernden den Gruß, der in dieser Gegend üblich ist. „Friede, Friede sei mit euch in dieser glücklichen Nacht."

Die Hirten am Feuer sind erstaunt über all das, was sie hier zu sehen bekommen, was hier geschieht. Damit haben sie nicht gerechnet, als sie heute Morgen ausgezogen sind, um für ihre Herden in dem kargen Land etwas Futter zu suchen.

Der Mutigste von ihnen, der schon vorher als Erster das Wort ergriffen hat, tritt vor und erwidert den Gruß der Fremden: „Friede auch mit euch, doch gestattet mir die Frage, wer seid ihr, und was führt euch zu dieser Stunde an diesen entlegenen Ort?

Wer wir selbst sind, das könnt ihr leicht sehen und erraten", und dabei deutet er in die Runde um das Feuer, „und mein Name ist Thomas, und ich bin bekannt dafür, dass ich viele Fragen stelle. Aber wie nennt ihr euch, woher kommt ihr, und was ist euer Geschäft?"

„Viele Fragen stellst du wahrlich, mein Freund, aber ein wenig Rast tut uns ohnehin Not nach dieser beschwerlichen Wanderung", antwortet der erste der Fremden mit einem freundlichen Lächeln, „und so sollen deine Fragen beantwortet werden."

Die Karawane hält an und lagert sich bei den Hirten, die Reiter steigen von den Pferden und Kamelen und setzen sich zusammen mit den anderen zum Feuer. Ein kleiner Imbiss wird bereitet, getrocknete Früchte und Fladenbrot. Dann macht ein Schluck mitgebrachter Wein die Runde und löst die Herzen und die Glieder der Lagernden, sodass die erste Befangenheit sich wieder lockert.

Danach ergreift der erste der Reisenden das Wort:

„Ihr wollt also wissen, wer wir sind, und was wir hier wollen. Natürlich, aber wenn ihr hinaufschaut zum

Himmel, dann werdet ihr dort schon einen Teil der Antwort finden. Ein neuer Stern ist über diesem Land aufgegangen, und überall dort, wo sich am Himmel etwas verändert, geschieht auch auf der Erde etwas Besonderes.

Meistens übersehen es die Menschen, denn die großen Ereignisse kommen immer von scheinbar kleinen Ursachen, große Veränderungen geschehen ganz allmählich, und es ist sehr schwer zu sagen, wo genau sie beginnen oder wie genau sie vor sich gehen.

Und trotzdem: es gibt unter den Menschen manchmal auch solche, die einen besonderen Sinn, ein inneres Auge für jene Vorgänge haben, die über das Alltägliche hinausgehen. Sie leben nicht nur für sich selbst, für ihre eigenen Wünsche und Bedürfnisse oder jene ihrer Freunde, ihrer Lieben oder ihrer Familie, sondern sie denken weiter, und das Wohl aller Wesen liegt ihnen am Herzen. Das Wohl der Menschen, aber auch der Tiere und anderer Geschöpfe, die wir sonst gerne übersehen. Manchmal nennt man solche Menschen Könige, denn ihr Sinn ist auf das Große gerichtet, und sie können das Schicksal eines ganzen Volkes lenken. Sie vermögen für die vielen, die ihnen anvertraut sind, zu fühlen und denken, zu handeln und lenken.

Aber nicht immer, und eigentlich nur selten, sind diese edlen Könige wirklich auf dem Thron der Länder, in denen sie leben. Oft sind sie unscheinbar und verrichten ihre Arbeit im Verborgenen. Denn nur zu oft sitzen in den Palästen und in den Regierungshallen solche, die nur den eigenen Vorteil im Sinn haben. Sie unterdrücken ihre Völker, beuten die Armen und Schwachen rücksichtslos aus und machen ihre Geschäfte auf Kosten der anderen.

Dann müssen die wahrhaft großen Seelen ihre Arbeit auf andere Weise verrichten als in der Pracht und Herrlichkeit der Herrscher.

So auch hier. Der König Herodes ist sicher kein Heiliger, sondern ein egoistischer Tyrann, und auch der Prokurator von Jerusalem zählt nicht zu jenen Weisen, die gekommen sind, um der Menschheit selbstlos zu helfen."

Er weist mit einem Blick auf die beiden anderen königlichen Gestalten. „Wir drei hingegen haben diese schwere und manchmal unerfreuliche Aufgabe auf uns genommen. Erst unterwegs haben wir uns getroffen, aber der eine erkennt den anderen, und wir fühlen und wissen es, wenn ein weiterer aus unserer Gemeinschaft geboren wird.

Nun, um einen solchen König zu begrüßen, einen wahren König und Helfer der Menschen, der hier, in diesem Land geboren werden soll, und auf dessen Ankunft wir aufmerksam gemacht wurden, sind wir ausgezogen. Zunächst haben wir ihn natürlich im Palast des Königs Herodes gesucht, aber sehr bald mussten wir bemerken, dass dort kein guter Geist herrscht. So sind wir also den anderen, den geheimeren Zeichen gefolgt und haben die irdischen Machthaber und Paläste hinter uns gelassen. Wir haben uns heimlich und in der Nacht auf den Weg gemacht, und nun sind wir unserem Ziel offenbar ganz nahe, denn alles stimmt überein.

Wir sind auch sehr froh, dass wir euch heute und hier getroffen haben, so nahe dem Ort, den wir aufsuchen wollen. Denn wenn ein neuer König geboren wird, dann sind in der Nacht seiner Geburt oft besondere Zeichen zu sehen, Zeichen die andeuten, dass die Welt der Götter und die Welt der Menschen miteinander in Berührung kommen.

Da ihr hier auf freiem Felde wacht, sind wir sicher, dass ihr solche Zeichen wahrgenommen habt, und es würde uns freuen, wenn wir unser Wissen miteinander teilen könnten.

Als wir ankamen, hattet ihr offenbar schon etwas Ungewöhnliches erlebt und daher über die Prophezeiungen eures Volkes zu diesem König, ihr nennt ihn ja den „Messias", gesprochen. Das ist für uns sehr interessant, denn auch wir haben Überlieferungen über das Kommen solch großer Könige unter den Menschen, über ihre Aufgabe und über die Zeichen, an denen man sie erkennen kann.

Die unsichtbare Welt, die Welt der Götter und Engel, ist nämlich viel stärker mit der Menschenwelt verwoben, als wir im Allgemeinen annehmen. Aber wenn ein besonderer Mensch geboren wird oder auch wenn er stirbt und diese Welt wieder verlässt, dann wird diese Verbindung manchmal deutlich sichtbar.

Wir haben ein Buch, das wir das ‚Sutra vom Goldenen Licht' nennen, das sich mit diesen Fragen beschäftigt, und aus dem ich euch nun einige Zeilen vorlesen möchte."

Mit diesen Worten nimmt er ein altes Manuskript zur Hand und liest zunächst die Überschrift: *Eine königliche Abhandlung über die Pflichten göttlicher Herrscher*

Dann erklärt er:

„Diese Schrift wird gewöhnlich gelesen, wenn ein neuer König geweiht und in sein Amt eingeführt wird.
Die Weltbeschützer, edle Wesen aus der unsichtbaren Welt, fragen hier den Höchsten, den, der alles geschaffen hat, nach der Stellung und Aufgabe eines wahren Königs in der Welt, und zwar in den folgenden Versen:

Warum wird ein König, wenngleich
als Mensch geboren, ein ‚Gott‘ genannt?
Und warum wird ein König
ein ‚Sohn der Götter‘ genannt?

Der höchste Gott wird also befragt, wie es sein kann, dass ein gewöhnlicher Mensch – sogar ein König ist ja nur ein Mensch – ein Gott genannt werden kann, ein Messias oder ein Sohn Gottes, wie also die Welt der Menschen und die Welt der Götter zusammengehört.

Und der Höchste antwortet wieder in Versen:

Mit dem Segen der göttlichen Herrscher
tritt er in den Leib seiner Mutter ein:
nachdem er zuvor von den Göttern gesegnet wurde,
tritt er alsdann in den Mutterleib ein.

Gleichwohl in der Welt der Menschen geboren
und Herr der Menschen geworden,
wird er, weil er von Göttern stammt,
ein ‚Sohn der Götter‘ genannt.

Ihr werdet also sehen, dass schon vom ersten Moment
der Schwangerschaft an besondere Zeichen und Ereignisse mit diesem Kind, das wir suchen, verbunden
sind; ungewöhnliche Erscheinungen oder Visionen der
Mutter, Träume oder andere Vorkommnisse. So wird
der Segen der Götterwelt zunächst sichtbar.
Und besonders bei der Geburt nimmt dann die ganze
Engelswelt teil an dem freudigen Ereignis. Manchmal
hört man, so wird erzählt, himmlische Musik, manchmal blühen mitten im Winter die schönsten Blumen,
und manchmal treten andere Zeichen auf, die die Freude der unsichtbaren Welt auch für uns Menschen sichtbar und spürbar machen.
Wozu nun geschieht das alles, wozu kommt so ein
großes Wesen zu uns, in unsere bescheidenen Verhältnisse, wo es doch eine ganz andere Herkunft hat
und in einer ganz anderen Seinsweise als Gott leben
und wirken könnte. Warum also? Unsere Schrift erklärt es so:

Die Ältesten und der Rat der Götter haben ihn auser-
wählt und gesagt:

Du bist der Sohn aller Götter,
wundersam erschaffen, als König der Menschen,

um der Gesetzlosigkeit Einhalt zu gebieten,
um schlechtes Tun zu beenden,
um Lebewesen zu guten Taten zu bewegen
und sie in die Welt der Götter zu senden.

Das also wird über den neuen König gesagt, dazu ist er in die Welt gekommen. Er ist gesandt als ein leuchtendes Vorbild für die Menschen, als jemand, der ihnen zeigt, worauf es im Leben wirklich ankommt, jemand der nicht an die engen und kleinen Verhältnisse gebunden ist, die der irdische Leib und die schwierigen Verhältnisse mit sich bringen, und der daher die wahre Gerechtigkeit zeigen und lehren kann.

Und weiter:

Ob der König der Menschen ein Mensch genannt wird,
ein Gott, ein Ghandarva, ein Unberührbarer oder ein
Rakshasa,
alle schlechten Taten wird er zum Versiegen bringen.

Es kommt bei dieser Rolle also nicht darauf an, ob er wirklich in einem Palast sitzt und die Regierungsgeschäfte eines Landes lenkt. Sogar wenn er zu den Niedrigsten der Niedrigen zählt, zu den Ausgestoßenen, Unberührbaren, Verfolgten, sogar dann wird er seine Aufgabe erfüllen, nämlich die schlechten Taten der Menschen, die nicht wissen, was sie tun, zum Versiegen zu bringen.

Also:

Er wird König genannt,
damit er den Unterschied
zwischen guten und schlechten Taten zeigt, sowie deren
völlig gereifte Früchte erklärt.

Er soll sein Reich mit dem Dharma (religiöse Wahrheit)
beschützen
und dem Dharma nicht zuwiderhandeln,
selbst auf Kosten seines Lebens
...
Daher mag der König wohl
sein geliebtes Leben aufgeben,
doch niemals das Juwel des Dharma,
durch das die Welt froh wird.

Dieser König soll also zeigen, was richtig und falsch ist, er soll auch die verborgenen Wirkungen der Taten der Menschen sichtbar machen, und er soll selbst in allem ein Vorbild sein. Das geht so weit, dass er sogar sein eigenes Leben hingibt, um der Wahrheit zu dienen und seine Aufgabe zu erfüllen, nämlich um die Menschen auf den rechten Weg zu führen."

Mit diesen Worten schließt der Sprecher das Manuskript, faltet es sorgfältig zusammen, und fährt dann in freier Rede fort.
„Wie sollen wir das demnach verstehen?

Die Götter wollen den Menschen in ihrer Not und Unwissenheit zu Hilfe kommen, und dazu senden sie einen der ihren in diese irdische Welt mit den Auftrag, die Dinge zum Besseren zu wenden, und uns mit allen Mitteln zu helfen. Bei diesem Auftrag werden die Abgesandten von der unsichtbaren Welt unterstützt und gefördert, mit besonderen Kräften versehen und ausgestattet mit einem besonderen Schicksal, das sich schon bei der Geburt ankündigt.

Einem solchen König und Sohn Gottes sind wir auf der Spur, um ihn, wenn wir ihn gefunden haben, willkommen zu heißen, anzuerkennen und ihm zu danken, dass er zu uns gekommen ist.

Dazu haben wir uns auf den Weg gemacht und auch ein paar Geschenke mitgebracht, die wir ihm zum Zeichen unserer Verehrung und Unterstützung darbringen möchten. Das ist unsere Aufgabe in dieser Nacht."

Der Atem der Erde

„Wir danken dir", ergreift nun der zweite der Reisenden das Wort, „wir danken dir, dass du uns mit der Überlieferung deines Volkes zur Königsherrschaft und zu den Götterwelten bekannt gemacht hast. Vieles davon ist uns vertraut, und es bestätigt unsere eigenen Gedanken.

Nun hört, was die Erinnerungen meines Landes dazu zu sagen haben. Ihr müsst wissen ...", und damit wendet er sich an alle, „ihr müsst wissen, dass mein Volk sehr alte Ursprünge hat, die weit in die Vergangenheit reichen. Es gab Siedlungen, große Städte und Reiche an unseren Flüssen, etwa in Harrapa, als im Zweistromland oder in Ägypten noch keine einzige menschliche Kultur zu finden war. Bei uns hingegen waren schon damals ganze Dynastien von Herrschern gekommen und wieder gegangen. Von den meisten fehlt heute jede Spur, von manchen aber sind uns die Erzählungen der großen Weisen geblieben, die wir wohl bewahrt haben. Die Menschen waren früher noch viel stärker verbunden mit der Natur, mit den Tieren und Pflanzen und den Rhythmen der Erde, als wir es heute sind. Wir haben uns schon so weit von unseren Wurzeln entfernt, dass wir vieles von dem vergessen haben, was einstmals bekannt war.

Dieses alte Wissen kann uns vielleicht helfen, um zu verstehen, was hier geschieht, was in dieser Nacht geschieht, warum wir hier zusammensitzen, und welche Kräfte uns umgeben."

Mit diesen Worten blickt er in die Runde und fährt dann fort: „Mein Land ist groß, und es grenzt an zwei Ozeane, unendliche Flächen des Meeres. Wenn wir auf diese Meere schauen, wenn wir dem Spiel der Wellen folgen und unseren Geist für die Weite des Meeres öffnen, dann können wir vielleicht etwas leichter in das alte Wissen einschwingen, das noch immer den Boden unserer Seelen bildet, ebenso wie unser Körper noch immer in die Bewegung des Lebendigen eingeflochten ist.

Nicht unser Verstand begreift die tiefsten Geheimnisse des Lebens, sondern nur unser Herz, und auch das erst, wenn es sich der Wirklichkeit öffnet.

Die erste dieser Wirklichkeiten nun ist der Rhythmus – der Rhythmus der Musik, der Rhythmus des Atems, des Herzens und aller anderen Ereignisse des Lebens.

Wollen wir uns dazu einer kleinen Meditation widmen.

Rhythmus
Zweite Meditation

Ein weiter Blick über das Meer.
Eine Welle kommt herangerollt,
zieht sich wieder zurück.
Wieder eine Welle, jetzt eine höhere,
die Füße werden nass.
Ein Schritt zurück.

Das Spiel der Wellen, so weit das Auge reicht
hohe Wellen, niedere Wellen, lange Wellen,
kurze Wellen, hie und da ein paar Schaumkronen
und zu dem Ganzen die Melodie, der ewige Gesang
des Meeres, das Rauschen.

Das Meer beruhigt und erfrischt
vielleicht, weil es uns an unser eigenes Wesen erinnert,
an die innersten Falten unserer Seele.

Das Kommen und Gehen, Einatmen und Ausatmen,
darunter der Herzschlag und noch viel schneller
das Vibrieren unserer Zellen, die millionenfachen
Bewegungen in unserem lebendigen Leib.
Wir können sie spüren wie das Meeresrauschen,
wenn wir darauf hören.
Und darüber die großen Rhythmen,
der Tageslauf mit Wachen und Schlaf,

der Mondumlauf mit der Bewegung des Wassers,
der Jahreskreis mit seinem Frühling, Sommer, Herbst
und Winter.
Geburt, Alter und Tod und dann eine neue Generation;
der Rhythmus des Lebendigen
und weiter, noch größer, das Erwachen, Reifen und
Vergehen der großen Kulturen, an denen wir teilhaben,
die Weltzeitalter,
die Entwicklung des Lebendigen
und am Horizont die Linie der Unendlichkeit.

Wohin gehören wir?
Warum beruhigt uns das Meer oder der Blick von einem
hohen Berg über die Ketten der Hügel im Nebel,
Reihen um Reihen, Dimension um Dimension?

Wenn ein Musiker aus dem Takt kommt, ist es
das Beste, wenn er sein Instrument kurz absetzt und
einfach nur zuhört.
Vorher hat ihn seine eigene Stimme taub gemacht.
Jetzt kann er die Musik wieder aufnehmen. Sie ergreift
sein Wesen, sein Herz und seinen Atem;
und dann, ganz natürlich, kommt sein Einsatz.

Nach dieser kurzen Erinnerung an das Pulsieren und Weben unserer Wirklichkeit will ich nun von den Einsichten der alten Seher berichten:

Unsere Erde, dieser Ort, auf dem wir leben, die uns trägt und behütet, diese Erde ist selbst wie ein großer Leib, ein Wesen, das als Ganzes lebt und fühlt, denkt und wächst. Wenn man sie von außen betrachtet wie einen Stern oder einen Himmelskörper, dann ist sie leuchtend und strahlend, voller Leben und Bewegung, blau und weiß, ganz anders als die vielen scheinbar toten Brocken, die das All durchziehen.

Und ebenso wie wir kleinen Lebewesen einatmen und ausatmen, so wie unser Herz schlägt, und so wie wir geboren werden und wieder sterben, ebenso, nur in ganz anderen Dimensionen, pulsiert und lebt unsere Erde. Sie ist dabei nicht getrennt von uns, denn sie lebt durch und in uns, und wir in ihr.

Das vergessen wir immer wieder, wenn wir nur in unsere kleine, eigene Welt und Existenz schauen, aber in Wirklichkeit sind wir stets ein Teil und ein Ausdruck dieses großen Wesens, das uns hervorgebracht hat, das uns erhält, und das uns wieder aufnehmen wird, wenn die Zeit dazu gekommen ist.

Diese Erde nun atmet ein, verharrt, atmet aus und ruht, und beginnt dann den Rhythmus von Neuem mit einer Einatmung.

Wie ist das zu verstehen? Die Erde hat ja keine Lunge, wie wir Menschen, wohl aber gestaltet sie ihre Atmosphäre durch die Pflanzen, die Bäume und die Meere. Und hier wiederum ist es die wandelnde Kraft der Sonne, die im Jahreskreis eine Veränderung bewirkt, die der Atmung unserer Lungen gleicht.

Im Winter, in der kalten und dunklen Zeit, zieht sich alles in den Boden zurück, verharrt hier und wartet auf den neuen Ausstrom. Das ist die Einatmung. Im Sommer hingegen wird ausgeatmet, die Erde strahlt ins All hinaus und erleuchtet alles mit ihrer Energie. Sie ist ein Kraftwerk der Schönheit und Verwandlung für den ganzen Raum, den wir mit unseren schwachen Sinnen kaum erfassen können. Die Kraft und das Sonnenlicht, das sie aufnimmt und im Winter sammelt und konzentriert, verwandelt sich ein halbes Jahr darauf in ein Feuerwerk veredelter Energien, und so setzt auch unsere Erde, wie ein Baum mit seinen Jahresringen, mit jedem neuen Ausstrom ihre Mitarbeit am Universum fort.

Wir sind nicht unwichtig, keineswegs, wie klein diese Erde im Vergleich der Himmelskörper auch erscheinen mag. Sie ist nicht die einzige, aber so viele andere in dieser Kraft und Schönheit gibt es nicht.

So reift also diese Erde heran, und jedes Jahr verändert sich die Qualität ihrer Ausstrahlung, die von allen Pflanzen und Tieren, vom Wasser, vom Wind und von den Wolken getragen wird, und sendet sie in den offenen Raum hinaus.

Und nun kommen wir zu uns, zu den Menschen, die sich zunächst kaum von den Tieren unterscheiden und einfach in dem großen Spiel mitgenommen werden, die ihre Rolle spielen, ob sie es wissen oder nicht.

Doch jetzt, liebe Brüder und Schwestern, hört, jetzt kommt etwas Neues in diesen scheinbar ewigen Prozess des Auf und Ab, des Ein- und Ausatmens.

Gerade im Augenblick der größten Konzentration, der größten Verinnerlichung, wenn sich alle Kräfte im Herzen des Winters in der Erde sammeln, wenn sich die unsichtbaren kleinen Wesen bei den Wurzeln der Bäume gesammelt haben, wenn alles aufs Innerste still geworden ist und sich auf die neue Bewegung vorbereitet, genau in diesem Moment größter Empfänglichkeit kommt ein neuer Impuls. Ein Licht, das nicht aus der Materie geboren wird, eine Kraft, die nicht aus den Steinen kommt und auch nicht von den Pflanzen oder von den Tieren, sondern etwas Neues, etwas, das die Erde erst aufnehmen kann, wenn sie reif dafür geworden ist.

Dieses neue Licht wird die Geschichte des Planeten verwandeln, es wird die Menschheit durchdringen, es wird Kulturen schaffen und zerstören, und es wird damit dem Atem der Erde einen Glanz und eine Schönheit hinzufügen, die vorher noch nicht da waren und nie zuvor gesehen wurden. Wohl wurden sie erahnt, erhofft und vorhergesagt von den großen Sehern, von den Weltbeschützern, von den Kräften, die für das Schicksal dieser ganzen Entwicklung verantwortlich sind.

Aber jetzt und hier beginnt diese Ahnung Wirklichkeit zu werden!

Diesem Wunder beizuwohnen, bin ich von meinem Lande ausgezogen, und um das miteinander zu teilen und zu feiern, so glaube ich, habe ich euch heute Nacht hier getroffen."

Denn die ganze Schöpfung wartet

„Langsam, meine Freunde und Freundinnen, langsam!"

Es ist der dritte der Reisenden, der nun das Wort ergreift. Bisher hat er noch nichts gesprochen, obwohl er der älteste unter ihnen ist. Er hat den anderen den Vortritt gelassen, doch jetzt, als ihre Augen zu glühen beginnen, und ihr Eifer sich auf die anderen überträgt, erhebt er seine Stimme.

„Beruhigt euch ein wenig, so wahr die Dinge auch sein mögen, die wir hier zu besprechen haben, und hört mir ein wenig zu."

Niemand kann sich der Kraft dieser Persönlichkeit entziehen, und es wird still um das Lagerfeuer, um zu hören, was dieser Mann mitzuteilen hat.

„Eine alte religiöse Schrift", so beginnt er, „eine Schrift aus der Vergangenheit sagt:

Sehnsüchtig wartet die ganze Schöpfung auf das Hervortreten der Kinder Gottes."

Und an den ersten seiner Gefährten gewandt setzt er hinzu: „In eurer Schrift über Könige und Götter steht noch der Satz, dass durch viele gute Taten die Menschen selbst die Gefilde der Götter bevölkern werden, dass sie also selbst Töchter und Söhne Gottes werden.

All diese Gedanken und Hoffnungen kennen und achten wir, aber lassen wir uns davon nicht verwirren! Die Welt und die Wirklichkeit sind noch wesentlich größer und geheimnisvoller, als wir uns vorstellen können;

nur vergessen wir dabei nicht: *Nichts ist groß als das Natürliche!*

Unsere Schriftgelehrten haben diesen alten Text, *Denn die ganze Schöpfung ..."*, und hier macht er wieder eine kleine Pause, „... den Text, den ich zuerst genannt habe, genau studiert und die Worte der alten Sprache, in der er geschrieben steht, neu übersetzt und bemerkt, dass seine Bedeutung eine andere, schlichtere und nüchternere ist als es zunächst scheinen mag.

Dann heißt es: Alles, was in dieser Schöpfung an Neuem kommt, kommt auf natürliche Weise. Es wird geboren wie alles andere, in Mühe und unter den normalen Schwierigkeiten dieser Welt. *(Gemeint ist hier Röm 8,19 und die neue Übersetzung von N. Baumert.)*

Dasselbe gilt auch für die großen Entwicklungen und besonders für die Verwandlung unserer Seelen, unseres Wesens, denn genau darum geht es hier.

Das Hervortreten der Söhne und Töchter Gottes, die neue Geburt, das bedeutet kein magisches Ereignis, keine Verwandlung in Lichtgestalten oder andere Wunderdinge, sondern es geht um das Aufleuchten unserer eigenen, zutiefst menschlichen Qualitäten unter den schwierigen Bedingungen dieses irdischen Lebens.

Alle Dharmas sind Buddhadharma, heißt es in einer unserer Heiligen Schriften *(im Diamant-Sutra)*, und das bedeutet, dass das Vollkommene nicht außerhalb des Natürlichen, Alltäglichen, scheinbar Unvollkommenen gefunden werden kann.

Das ist, ich gebe es zu, zunächst schwer zu verstehen, aber vielleicht kann uns dabei meine eigene Geschichte helfen, die ich nun mit euch teilen will."

Damit richtet er sich kurz auf und fährt dann erzählend fort:

„Auch ich – wenn man mich heute so sieht, möchte man es kaum glauben – war einmal ein junger und unerfahrener Mann. Zwar hatte ich schon die Überlieferungen meines Volkes studiert und etwas Erfolg in den weltlichen Dingen erlangt, aber trotzdem trieb mich mein Wissensdurst immer weiter in die hohen Berge meines Landes, weil die Sage ging, dass dort die großen Weisen ein bescheidenes, zufriedenes und glückliches Leben führten. Dieses Leben wollte ich kennenlernen und machte mich auf den Weg.

Ich will nicht alle Einzelheiten dieser Reise und Suche erzählen, nur so viel: ich hatte Glück und fand tatsächlich eine kleine Gemeinschaft solcher weiser Menschen, Männer und Frauen, die auf einem entlegenen Berggipfel, auf dem sich auch mehrere kleine Seen befanden, ein ruhiges Leben führten.

Der Leiter der Gemeinschaft nahm mich freundlich auf und war nach einiger Zeit der Vorbereitung bereit, mich in das Wissen, das ihn und die anderen spürbar umgab, einzuführen.

So machte ich mich denn eines Tages, es war Winter und ich hatte schon etwa ein halbes Jahr zusammen mit ihnen auf dem Berg gelebt, auf den Weg, um in der Hütte des Eremiten nach den größten und tiefsten Weisheiten zu fragen. Drei Mal muss man nach solchen Wahrheiten fragen, so viel hatte ich schon gelernt, daher hatte ich mich gut vorbereitet und mir meine Fragen zurechtgelegt.

Als ich seine Hütte betrat, war er sehr freundlich und zuvorkommend und bot mir zuerst eine Tasse Tee an, wie es in dieser Gegend der Brauch ist.

Nun, ich wollte nicht unhöflich sein und gleich mit meinen Fragen herausplatzen, obwohl sie mir auf der Zunge brannten, sondern geduldete mich, bis das Getränk gebracht wurde, und dann schlürften wir gemeinsam den heißen Tee.

‚Wie geht es dir mit dem Feuer in deiner Höhle?', wollte der Meister wie nebenbei wissen, denn es war kalt geworden, und ein gutes Feuer war ein wahrer Segen in dieser Bergeinsamkeit, nicht nur wegen der Wärme, sondern auch wegen der stillen und freundlichen Gesellschaft.

Wie es mir mit dem Feuer ging? Das war nun nicht so einfach. Das Holz war meistens nass oder zumindest ein wenig feucht, denn es regnete häufig und ich hatte noch keinen brauchbaren Weg gefunden es zu trocknen, und so rauchte und qualmte es oft gewaltig und war mehr eine Last als eine Hilfe.

‚Es geht mir nicht so gut damit', musste ich einräumen, und trank etwas Tee.

Der Weise lächelte, sagte aber nichts dazu.

Wir schwiegen eine Weile, dann fragte er weiter:

‚Wie geht es dir mit dem Tee?'

Der Tee, den wir tranken, war ein wahres Labsal, heiß, kräftigend und stärkend durch die Milch und die anderen Zutaten, die ihn in ein echtes Nahrungsmittel verwandelten.

‚Auch nicht so gut‘, war meine ehrliche Antwort, denn um guten Tee zu machen, einen Tee wie diesen, braucht es neben dem guten Feuer und den Teeblättern auch Butter und frische Milch, und ich hatte keine frische Milch, denn auf diesem Berg war sie nicht so einfach zu bekommen.

Nach diesen beiden Fragen, und wohl auch durch die stille Gegenwart des Einsiedlers, ging mir ein großes Licht auf, und all die vorbereiteten Fragen über Gott und die Welt, über Meditation und geistige Entwicklung, über Sohnschaft Gottes und dergleichen mehr waren weggetaut wie Schnee in der Sonne oder verblasen wie die Wolken im Wind. Zurückgeblieben war die nüchterne Realität und das Wunder des einfachen Lebens, die einzige Quelle wirklicher Weisheit.

So dankte ich an diesem Tage, vergaß meine Fragen und ging heim. Aber dann begann ich, mein Leben von Grund auf zu verändern.

Zunächst lernte ich trockenes Holz zu sammeln, indem ich den Wald des Berges durchstrich, um dürre Äste abzubrechen und dabei die Bäume zu verstehen, die ich auf diese Weise von den alten Krusten befreien konnte.

Immer mehr begann ich mit der Umgebung zu leben und zu fühlen.

Und ebenso wie mit den Bäumen und Büschen und Pfaden schloss ich Freundschaft mit den Hirten, die am Berg ihre Herden weideten. Zunächst, um von ihnen geachtet zu werden und so die rare Milch zu bekommen, und dann, ganz allmählich, um in ihren Augen und Herzen zu lesen, und um mich mit ihnen im innersten Wesen zu verbinden.

Als ich endlich so weit gekommen war, da begann sich der Berg als Ganzes für mich zu öffnen und mit mir ins Gespräch zu treten, nicht in Worten und Gedanken, wohl aber in einem ruhigen und vertrauensvollen Austausch. Erst jetzt begann ich auch, mein eigenes Wesen besser zu verstehen und mich nicht mehr abzuheben von der Wirklichkeit mit meinen klugen Gedanken, mit meiner Religion, mit meiner Ausbildung, mit meinen Plänen und Absichten.

Diesen Wandel, meine lieben Freundinnen und Freunde, habe ich seither niemals wieder vergessen, und so sage ich euch, dass wenn in dieser Nacht etwas wirklich Großes geschieht, dann wird es ganz einfach, selbstverständlich und unauffällig sein.

Wir werden keine Wunder sehen, keine Götter und kein himmlisches Licht, denn wenn wir etwas von wirklichem Wert erkennen, wird es ganz einfach und menschlich sein – und gerade darin wird das Wunder liegen!

Ich sage euch, wenn wir Glück haben, werden wir vielleicht ein Kind finden, neugeboren, das in Windeln gewickelt in einer Krippe liegt, nicht mehr und nicht weniger."

Ihr werdet ein Kind finden

„Was meine ich damit?

Ist es nicht ein besonderes, ein einzigartiges Kind, das hier geboren wird? Verkünden nicht Scharen von Engeln seine Ankunft? Ist es nicht der Messias, der Herr? Und trotzdem tue ich so, als wäre es nichts Besonderes: Auf der ganzen Welt werden immer wieder Kinder geboren, Hunderte und Tausende und Millionen, und auch arme Menschen gibt es genug, die von ihrer Heimat vertrieben werden, die in Not geraten und in dieser Not ein Kind bekommen.

Das ist leider nichts Besonderes, also worum geht es hier? Durch dieses kleine Kind wird sich die Geschichte der Menschheit verwandeln, verwandelt sich das Schicksal dieses ganzen Planeten, und seiner Ausstrahlung wird eine Dimension hinzugefügt, die sie vorher nicht hatte. Wie kann das sein?

Das schöpferische Wort, der *Logos*, ist Fleisch geworden und hat menschliche Gestalt angenommen, um ein paar kurze Jahrzehnte unter uns zu wohnen. Der transzendente Gott selbst, nicht einer der vielen Götter-Söhne und -Töchter ist hierhergekommen. Wie kann man dieses Paradox nur fassen und in Worte kleiden?

Ihr werdet sehen, die weisesten Männer und Frauen dieser Erde werden jahrhundertelang zu ringen haben, um dieses Geheimnis in Worte zu fügen, und sie werden das Rätsel nicht lösen können, sondern anerkennen, dass es ein Paradox ist, eine Wahrheit, die den menschlichen Verstand überschreitet. *Ein Gott in drei*

Personen, *ganzer Mensch und ganzer Gott, ungeteilt und unvermischt (z. B. im Athanasischen Glaubensbekenntnis):* Der logische Widerspruch ist ein typisches Merkmal dieser Art von Wirklichkeit. Nicht unlogisch im Sinne von verwirrt oder unklar, sondern über die Vernunft hinausgehend, transzendent.

Wenn wir also hingehen, und wie ich hoffe, einfach ein gewöhnliches Kind sehen, das gerade geboren wurde, dann wird es dort nichts anderes zu sehen geben, als eben dies, das Natürliche und Alltägliche. Aber für den, der Augen hat, zu sehen, wird sich in diesem Einfachen für einen Augenblick das Absolute sichtbar machen. Um das „sehen" zu können, müssen wir allerdings sehr tief schauen und unser eigenes Wesen empfänglich machen für die Wahrheit im Unauffälligen und Unscheinbaren.

Am Anfang des Weges, sagt man bei uns, sind die Berge Berge und die Flüsse einfach nur Flüsse. Alles ist, wie es zunächst erscheint. Während des Weges, während wir unsere Verwirrtheit und Täuschung, unsere Überlastung und unsere Ich-Kontrolle ablegen, sind die Berge keine Berge mehr, sondern sie werden uns fremd und unverständlich. Die Flüsse sind keine Flüsse mehr, und die einfachsten Dinge des Lebens entziehen sich uns. Am Ende des Weges aber, wenn wir zu uns gekommen sind, sind die Berge wieder Berge und die Flüsse einfach nur Flüsse.

Doch diese Berge und Flüsse sind vollkommen anders als zuvor, in unserer naiven Dumpfheit. Sie sind jetzt viel direkter und viel freier geworden, und wir können ihnen genau so unmittelbar begegnen, wie ich damals dem Wald und den Hirten auf meinem Berg mit den sieben Seen begegnet bin.

Some people feel the rain. Manche Leute „fühlen" den Regen, das heißt, sie erkennen die unmittelbare Kraft in diesen Strömen ...
Others just get wet. Andere werden einfach nur nass, das heißt sie können diesem wunderbaren Geschehen – der Himmel spendet der Erde Feuchtigkeit – nichts anderes entnehmen als nur Wasser, und das macht sie eben nass.
Wie soll sich das Absolute denn anders offenbaren als in den einfachen, natürlichen Dingen? Wie soll Gott zu den Menschen sprechen, wenn nicht als Mensch? Wie soll sich das Vollkommene zeigen, wenn nicht im scheinbar Unvollkommenen, aus dem es geformt ist?
Aber um diese Botschaft zu verstehen, müssen wir uns zuerst selbst wandeln, und damit einen Schritt auf das Ziel zugehen.

Nun, ich hoffe, ich habe euch mit meiner Rede nicht zu sehr verwirrt, denn dies sind besonders schwierige Gedanken, eigentlich keine Gedanken, sondern Hinweise auf die Grenzen unserer Worte und Vorstellungen.
Wollen wir, statt weiterzugrübeln, lieber aufstehen und nachsehen, was sich von selbst und unmittelbar zeigen will.
Lasst uns aufstehen und nach Bethlehem gehen!"

3. Satz

Gegenthema

Europa

*Wir gehen in
die Gegenwart*

Das Geburtstagskind

Als die Engel sie verlassen hatten und in den Himmel zurückgekehrt waren, sagten die Hirten zueinander: Kommt, wir gehen nach Bethlehem, um das Ereignis zu sehen, das uns der Herr verkünden ließ. So eilten sie hin ...

Wollen wir nun, für den Augenblick, die Hirten und die halb erfundenen Könige bei ihrer Nachtwache verlassen und uns selbst auf den Weg nach „Bethlehem" machen, um nach dem Kind zu suchen, das der Verheißung folgend in der Krippe liegt.

Wir können uns dabei nicht einfach den Männern anschließen, denn mittlerweile sind mehr als 2000 Jahre vergangen, und das Kind ist längst nicht mehr da. Wir wissen heute, dass es aufgewachsen ist, zugenommen hat an Alter und Schönheit, dass es einen besonderen Weg gegangen ist und als Mann im Alter von etwa 30 Jahren einen grausamen Tod erleiden musste.

Das alles wissen wir, und wir brauchen es nicht noch einmal bestätigt zu finden wie die Hirten. Für sie war es etwas anderes. Sie hatten eine göttliche Vision, die Erscheinung engelhafter Gestalten und die Botschaft aus einer anderen Welt, einer Traumwelt. Solchen Botschaften gegenüber muss man vorsichtig sein, das wussten sie. Man muss überprüfen, ob man nicht einer Fantasie oder einer Illusion auf den Leim gegangen ist. Das lässt sich erreichen, indem man die Umstände prüft, indem man hingeht und schaut, ob die Worte der Prophezeiung den Tatsachen entsprechen. Es ist wie das Wahrzeichen aus einem Traum. Findet man es, dann war es kein Traum, sondern Wirklichkeit.

Wenn die Hirten also hingehen, und das Kind finden, von dem gesprochen wurde, dann wissen sie, dass die Vision echt war – und sie war echt!

Das alles wissen wir: Das Kind hat wirklich gelebt und die Prophezeiung ist eingetroffen, aber was hat das mit uns jetzt und heute zu tun?

Weihnachten ist ja ein Geburtstagsfest. Nun feiern wir den Geburtstag nicht nur beim ersten Mal, sondern jedes weitere Jahr erinnern wir uns wieder an das freudige Ereignis. Wir erinnern uns daran, dass wir da sind, dass unser Leben Schritt für Schritt vorangeht. Wir feiern den 40er, den 50er, und wir laden alle unsere Freunde und Bekannten dazu ein. So einen Geburtstag feiern wir also nicht nur für das Kind, sondern auch für uns Erwachsene.

Wenn ich nun als Gast zu einem solchen Geburtstagsfest komme, dort die guten Speisen genieße und beim Fest mitfeiere, dann sollte ich mich eigentlich dafür interessieren, wer denn das Geburtstagskind ist, auch wenn es längst kein Kind mehr ist, sondern etwa ein Mann in den besten Jahren – oder sogar darüber. Es würde etwas fehlen oder es wäre sogar ein wenig frivol, sich nur an den Speisen gütlich zu tun, ohne zumindest nach dem Jubilar zu fragen und ein paar Worte mit ihm zu reden.

Aber kennen wir das Geburtstagskind, das wir zu Weihnachten feiern? Wissen wir überhaupt, auf wessen Fest wir da tanzen? Ist nicht das vielleicht einer der Gründe, warum Weihnachten so leer geworden ist – nämlich, weil wir nicht einmal wissen, wen oder was wir da feiern?

Natürlich, Jesus, werden wir antworten. Wir kennen ihn doch, und wir haben viel von ihm gehört!

Ja, aber kennen wir ihn wirklich, wissen wir, wovon wir reden, kennen wir die Hauptperson dieses Festes oder sind wir gar mit ihr vertraut oder befreundet? Feiern wir nicht eine Illusion oder eine verblassende Erinnerung?

Sollten wir uns nicht lieber gleich auf den Weg machen und noch einmal nach dem Kind von Bethlehem suchen, wie es sich uns heute, hier und jetzt zeigt, und damit nach unserem Gastgeber fragen? Ich glaube, das Weihnachtsfest wird erst beginnen, wenn wir ihn wirklich gefunden haben!

Aber wo sollen wir ihn suchen, was ist aus ihm geworden? Sollen wir ihn in den Kirchen suchen, in den Klöstern oder im Vatikan, im Religionsunterricht in den Schulen oder in erbaulichen Büchern, im Heiligen Evangelium oder in den guten Werken, oder in einem diffusen allgemeinen Weltgeist oder Höheren Wesen?

Das alles scheint heute nicht mehr möglich zu sein.

Kehren wir also zurück zum Bild vom Geburtstagsfest eines Erwachsenen. Wir feiern ja nicht nur Personen, sondern auch Firmen, Institutionen oder politische Bewegungen. Statt des Geburtstages feiern wir da den Gründungstag, den Tag, an dem alles angefangen hat. Solche „Gestalten" können sich sehr lange halten und eine eigene Identität entwickeln, die sich durchaus mit der eines Menschen vergleichen lässt. Ein Phänomen dieser Art kann dann die normale Lebenszeit eines Menschen übersteigen und Jahrhunderte oder sogar Jahrtausende umfassen.

Wenn wir uns also fragen, wessen Geburtstag oder Jahrestag wir zu Weihnachten feiern, dann sollten wir zwar durchaus nach dem Kind suchen, mit dem alles angefangen hat, darauf beruht schließlich das ganze Geschehen, aber wir sollten auch einen Blick auf seine Wirkungsgeschichte richten.

Wo finden wir also die Folgen und Wirkungen jenes kleinen Kindes in der Krippe, jener Gestalt, die immer noch lebt und wirksam ist, selbst wenn alle Kirchen geschlossen und alle Klöster aufgelassen sind, selbst wenn alle Schriften verbrannt sind und alle Erinnerungen gelöscht?

Wenn irgendwo, dann finden wir diese Gestalt in der Kulturgemeinschaft des Abendlandes, die von diesem Strom zutiefst geprägt und durchdrungen ist. Und besonders finden wir sie in dem alten Kontinent Europa, krisengeschüttelt, gedemütigt, verwirrt und von fremden Einflüssen überlagert. Aber trotzdem, tief im Herzen dieser Kulturgemeinschaft, als tragender und lebendiger Grund, wirkt eine unverkennbare Gestalt, die die Züge dieses Kindes bewahrt hat.

Diese Gestalt hat den Untergang des Römerreichs und des Mittelalters überstanden, die Reformation und den Dreißigjährigen Krieg. Sie ist offenbar unsterblich und unzerstörbar – und diese Gestalt ist es auch, die uns jedes Jahr zu Weihnachten zu ihrem Fest bittet, und die uns einlädt mitzufeiern, was wir vielleicht längst vergessen haben.

Diese Gestalt lebt und wirkt durch uns, sie ist nicht außerhalb von uns, und sie ist auch nicht an sichtbare oder messbare Zeichen gebunden, vielmehr ist sie das, was uns spirituell und kulturell ausmacht, ob wir es wissen oder nicht. Unauslöschlich, unverkennbar, unfassbar.

Europa sucht seine Identität. Aber es wird sie nicht finden in einer Wirtschaftsgemeinschaft, einer Finanzgemeinschaft oder einer Gesetzesgemeinschaft in Brüssel. Die Einheit Europas liegt in der Kultur, trotz oder gerade wegen der verschiedenen Sprachen, der Malerei, der Musik und des Charakters der einzelnen Nationen. In dieser Vielfalt waltet eine harmonische Einheit, noch immer, und diese Einheit geht offenbar auf das kleine Kind zurück, das vor 2000 Jahren im Stall von Bethlehem geboren wurde.

Die Einheit ist natürlich wachstumsfähig, sie ist keineswegs auf diesen einen Kontinent beschränkt, sie ist der mystische Leib Christi, der Messias und der Menschensohn, der für alle gekommen ist. Aber hier und jetzt, für uns, ist sie die Heimat und der Boden unserer eigenen Herkunft. Sie ist die Herkunft im edelsten Sinn, über unsere Familien hinaus, über unsere Sippe und den Klan hinaus, über die Nation hinaus ist sie unsere Verbindung zur Menschlichkeit.

Die Gestalt ist im Lauf der Jahrtausende gewachsen und herangereift. Sie ist längst kein kleines Kind mehr. Und wir brauchen auch heute nicht mehr, wie die Hirten von Bethlehem, auf die göttliche Prophezeiung zu vertrauen, dass aus diesem Kind etwas werden wird. Wir wissen, dass es längst geschehen ist, unübersehbar, unleugbar.

Diese Gestalt könnte unser Gastgeber beim Weihnachtsfest werden, mit der wir jedes Jahr feiern, und mit der wir uns an die Ursprünge erinnern, an den Anfang, damit wir zusammenbleiben und nicht überheblich werden oder das Gemeinsame aus den Augen verlieren. Weihnachten für Erwachsene besteht vielleicht darin, selbst zum Ausdruck dieser Gestalt zu werden, zum Ausdruck der Europäischen Kulturgemeinschaft, selbst zugleich zum Gast und zum Gastgeber an diesem Tag zu werden, und alle anderen dazu einzuladen.

Dann ist Friede auf Erden bei den Menschen seiner Gnade ...

..., und dann sind wir mit unserer Wanderung durch die Wüste wieder beim Kind angelangt, das in Windeln gewickelt in einer Krippe in einem Stall bei Bethlehem liegt, und mit ihm finden wir Maria und Josef und alle anderen – sogar Ochs und Esel.

Jesus und Johannes

Wenn wir uns mit Weihnachten beschäftigen, dem großen Fest, dann haben wir es leicht. Wir haben nämlich einen Text, der auf die Ursprünge zurückgeht, einen allgemein bekannten Bericht darüber, wie alles angefangen hat. Dieser Bericht ist authentisch, er stammt aus der richtigen Zeit und aus dem richtigen Umfeld, und so sind wir den Quellen ganz nahe, um aus ihnen zu schöpfen, wenn wir die alten Formen erneuern wollen. Wir können zurückgehen zu den Ursprüngen und von hier aus neu ansetzen.

Was ich damit meine, ist das Weihnachtsevangelium. Hier haben wir einen Bericht und eine Deutung der Ereignisse vor uns, die nicht allzu lange nach dem Leben Jesu entstanden ist. Dieser Text bringt in seiner Schlichtheit die Sache genau auf den Punkt, und wenn man zum Beispiel bei Lukas liest, dann enthält er eine Menge von Hinweisen und Einsichten, die man beim oberflächlichen oder rituellen Betrachten leicht übersieht.

So zum Beispiel den Anfang, den Grund, warum sich Maria und Josef überhaupt auf den Weg nach Bethlehem machen, obwohl die Frau hochschwanger ist: Es war eine bürokratische Schikane, Steuerlisten, die von den neuen Herrschern eingerichtet wurden, um das Volk besser kontrollieren und unterdrücken zu können. Aus diesem Grunde musste sich das Paar zur Unzeit von der gewohnten Umgebung verabschieden und sich auf den mühsamen Weg in eine andere Region machen – wahrscheinlich ohne genügende Mittel.

Dann wird so schlicht und wie nebenbei erwähnt, dass die beiden nur verlobt und nicht verheiratet waren, obwohl Maria ein Kind erwartete.

In wenigen, knappen Strichen wird hier eine katastrophale Ausgangssituation skizziert, die scheinbar aus demselben Holz geschnitzt ist wie später das Kreuz in Jerusalem. Das Göttliche wird von der Welt nicht mit offenen Armen empfangen oder gar unterstützt und beschenkt, nein, die menschliche Willkür und die Machtansprüche irgendwelcher Herrscher dominieren das Leben – das sich trotzdem durchsetzt.

Diese Geschichte also wird erzählt, und schon von vornherein mit der „Wintersonnenwende" in Verbindung gebracht. Das Weihnachtsfest als Fest der Geburt des Erlösers wurde nämlich nicht erst ein paar Jahrhunderte später, als das Christentum im Römerreich zur Staatsreligion avancierte, mit diesem Termin verbunden, was logisch gewesen wäre, vielmehr wurde es von vornherein in diesem Kontext gesehen und verstanden.

Das wird ganz besonders deutlich, wenn man bei Lukas die Gegenüberstellung von Johannes dem Täufer und Jesus in ihrem Wesen versteht. Hier wird der Atemvorgang der Erde, der Jahreskreis der Sonne mit dem spirituellen Geschehen eindeutig verknüpft: Johannes, der Prophet und Vorläufer, der Repräsentant des alten Bundes und der Geschichte Israels, wird genau zur „Sommersonnenwende" geboren – an dem Tag, den wir heute noch als „Johannisnacht" feiern, manchmal mit Feuern auf den Bergen.

Ihm gegenüber folgt dann genau ein halbes Jahr später, genau am anderen Ende des Pendelausschlags, zur Wintersonnenwende, die Wanderschaft der Eltern und die Geburt des neuen Königs. Er kommt in die Welt, um den alten Bund von Grund auf zu erneuern und mit Sinn zu erfüllen, und so die alten Prophezeiungen wahr zu machen – und das alles in der Geschichte vom hilflosen kleinen Kind, das in einem Stall geboren wird, weil es in der Herberge keinen Platz gibt.

Diese beiden Gestalten, Jesus und Johannes, stehen also unmittelbar zueinander in Beziehung. Das zeigt sich auch schon in der Geschichte der Schwangerschaften, denn die beiden Mütter kennen sich. Als Maria unsicher ist, wie sie die seltsamen Ereignisse deuten soll, die ihr widerfahren, da besucht sie ihre Freundin Elisabeth. In der Schwangerschaft ihrer Freundin und in dem Segen ihrer Begegnung sieht sie ihre eigene Aufgabe und die Botschaft der Engel bestätigt.

Das Ereignis der Geburt Jesu kommt also nicht von ungefähr, es steht nicht allein, sondern in einem größeren Zusammenhang, und zwar im symbolischen Zusammenhang der Erneuerung und der Neugeburt auf vielen Ebenen:

Einmal der Neugeburt der Sonne im Jahreskreis, dann der Geburt des Neuen Bundes zwischen Gott und Mensch, und zuletzt indem es die neue Lehre des Menschensohns andeutet, der sie im Nikodemusgespräch so zusammenfasst:

Wenn ihr nicht neu geboren werdet, könnt ihr nicht in das Reich Gottes gelangen.

Und schon an dieser Stelle, schon bei der Begegnung der beiden Frauen, ganz am Anfang, hüpft das ungeborene Kind, Johannes, vor Freude im Leib Elisabeths, und es entsteht eines der schönsten Lieder des Neuen Testaments, das Magnificat, das den Geist des Kommenden in poetischer Sprache ausdrückt und so das Weihnachtsfest vorwegnimmt:

Meine Seele preist die Größe des Herrn,
und mein Geist jubelt über Gott, meinen Retter ...

... singt da Maria voller Glück über die eigene Schwangerschaft.
Aber auch hier, sogar in diesem Jubellied, gibt es einen Hinweis auf die schwierigen Umstände dieser Geburt, auf die Geburt des Göttlichen in dieser Welt, und auf die revolutionäre Art der Lösung, denn es heißt weiter:

Er stürzt die Mächtigen vom Thron,
und erhöht die Niedrigen;
die Hungernden beschenkt Er mit seinen Gaben,
und lässt die Reichen leer ausgehen.

Wieder schlichte Worte, aber recht klar in ihrer Bedeutung. An diese Worte und Gedanken können wir uns halten, wenn wir das Weihnachtsfest verstehen und neu entdecken wollen.
Martin Heidegger hat dazu einmal gesagt: Wer keine Herkunft hat, hat auch keine Zukunft.

Wenn wir unsere Zukunft erkennen wollen, wenn wir sie gestalten und vorbereiten wollen, dann ist es recht gut, wenn wir unsere Herkunft kennen und sie in der rechten Weise fortsetzen. Das Weihnachtsevangelium ist dabei ein Schatz und eine Quelle lebendigen Wassers, auf den wir keinesfalls verzichten sollten.

Das ist der Grund, warum auch dieses Buch immer wieder zu den geheiligten Worten der Tradition zurückkehrt, nicht um in der Vergangenheit zu wühlen oder aus irgendeinem nostalgischen Bemühen, sondern um die alte Weisheit immer wieder wirksam zu machen.

Der Dufthändler

... Sie wickelte ihn in Windeln und legte ihn in eine Krippe, weil in der Herberge kein Platz für sie war ...

Man ist geneigt zu glauben, dass die großen, edlen Dinge des Lebens einen perfekten Rahmen brauchen, um zu gelingen, günstige Umstände, einen Überschuss an Ressourcen usw. Aber das ist nicht so, ganz im Gegenteil. Gerade das wirklich Wertvolle entsteht oft aus unvollkommenen und manchmal schwierigen Umständen, und das Perfekte und gut Organisierte wird leicht steril und unfruchtbar für das wirklich Menschliche.

Nehmen wir zum Beispiel den Dufthändler in Delhi. Um zu ihm zu gelangen, muss man durch eine breite Straße gehen, die sich vom Yamuna-Fluss über den alten Herrschersitz, vorbei an den großen Gotteshäusern verschiedener Religionen, bis ins Herz der alten Stadt zieht. Etwa 20 Millionen Menschen leben auf engem Raum zusammen, niemand weiß genau wie viele es wirklich sind, und hier, im Knotenpunkt und im Zentrum dieser Zusammenballung, gibt es ein ungeheures Geschiebe und Gedränge. Es ist nicht sauber und glatt an diesem Ort, sondern alles stockt und steht und staubt und schwitzt in der Hitze der Sonne. Eine Richtung der Straße ist durch eine Baustelle gesperrt, über die sich trotzdem Menschen und kleine Fahrzeuge drängen. Autos und Busse kommen unmöglich voran, nicht einmal die Rikschas oder Fahrräder. Die einzige Art sich fortzubewegen sind die eigenen Füße, und auch das ist nicht einfach, denn nur kurz öffnen und schließen sich winzige Lücken im Gedränge, die man sofort nützen muss, wenn man weitergehen will.

Es kostet viel Kraft, sich durch dieses Menschen- und Verkehrsgewühl zu drängen; auf der Straße, auf dem etwas erhöhten Mittelstreifen, liegt in eine alte Plane gewickelt sogar ein Mensch und versucht zu schlafen. Vorbei an solchen Bildern, erfüllt von Gerüchen aller Art, den Eindrücken der prächtigen Kleider der Frauen und den malerischen Dekorationen auf Gebäuden und Fahrzeugen, durch dieses gewaltige Chaos hindurch, geht der Weg vorbei an dem einen oder anderen mehr oder weniger schäbigen Laden, der allerlei Krimskrams anzubieten hat. Nach einem guten Stück des Wanderns steht man schließlich vor einem weiteren unscheinbaren Verschlag und drückt die Tür auf. Drinnen ist es etwas ruhiger, der Lärm und das Geschiebe haben aufgehört, und die Menschen haben alle Zeit der Welt. In der Mitte, auf einem Drehstuhl, sitzt der alte Dufthändler, der sein Gewerbe offensichtlich schon seit vielen, vielen Jahren ausübt. Hinter ihm, in Regalen an der Wand, sind Kristallflaschen aufgereiht, die ebenso alt oder noch älter scheinen wie ihr Besitzer, gefüllt mit fremdartigen und kostbaren Substanzen. Neben ihm sitzt sein Sohn, der ihm in der Gestalt ähnlich ist, nur jünger, und er übt dasselbe Gewerbe aus. Geschäftig geht der etwa 18-jährige Enkel durch den Laden, bedient die Kunden und zeigt und reicht ihnen, was der Ort an Essenzen oder Räucherwerk zu bieten hat.

Alles läuft hier gemessen und würdevoll ab, die Hektik der Straße und des orientalischen Basars ist verschwunden, um einer einfachen Bewegung Platz zu machen. Eine Handvoll Menschen bevölkert den Raum, sie sind hergekommen, um für sich oder für andere edle Düfte zu erwerben, die das Leben verschönern. Sie sind hier am rechten Ort und jeder Wunsch wird befriedigt. Proben werden herumgereicht, auf den Handrücken aufgetragen und dann sachkundig geprüft.

Dieser kleine Laden ist das Herz eines großen Unternehmens, das diese Essenzen mit langer Erfahrung selbst herstellt. Die wichtigsten Parfumfirmen der Welt werden von hier beliefert und erhalten ihre kostbarsten Substanzen, die in kleinen Dosen den teuersten Kreationen beigemischt werden. Reinstes Rosenöl, *Ood*, das Geheimnis der arabischen Düfte, und viele andere werden hier hergestellt, gesammelt und weitergegeben.

Der Handel erfolgt weltweit, aber hier ist die Dreh-scheibe von alledem, an diesen kleinen Ort kann man kommen und einfach dabei sein. Für jeden der Kunden nehmen sich der Alte, sein Sohn oder sein Enkel Zeit, um herauszufinden, was er wirklich will. Nichts wird ihm aufgedrängt, nichts angepriesen, aber das, wonach er fragt, wird ihm sicher gereicht. „Ob es eine weitere Qualität dieses Duftes gibt?" „Selbstverständlich." „Und vielleicht noch eine weitere?" „Selbstverständlich." Die kostbarsten, teuersten Öle werden nur dem gezeigt, der ausdrücklich danach verlangt, aber sie sind da, in Reich-weite, in den Kristallflaschen, von denen sie ganz sorg-fältig, Tropfen für Tropfen, in die kleinen Fläschchen abgefüllt werden, die der Kunde dann mitnimmt.

Wir sind eingetreten und mussten ein wenig warten, aber der Geschäftsführer hatte uns schon bemerkt und freundlich begrüßt. Jetzt nimmt er sich Zeit, auch uns nach unseren Wünschen zu fragen und uns zu bedienen. Solche Qualität entsteht nicht in einem hochglanz-polierten und vollklimatisierten Geschäftslokal einer der großen Parfumfirmen wie Chanel, nicht in den Verkaufsstellen an den Flughäfen, in den teuren Ho-tels oder in den Nobelpassagen unserer Großstädte. So etwas gibt es nur umgeben von Hitze und Staub, von schiefen Winkeln und etwas schäbigen Fassaden.

Wozu erzähle ich das alles, diese Parabel, noch dazu in einem Buch über Weihnachten?
Wir sind geneigt zu glauben, dass etwas Großes, Wun-derbares nur in einem schönen, perfekten Rahmen ent-

stehen kann, aber das ist ein Irrtum. Der Stall von Bethlehem war kein schöner Rahmen, keine romantische Verbrämung für den Menschensohn, kein Hirtenspiel, sondern harte Realität. Das war keine geheizte Stube mit einem funktionierenden Badezimmer, das war nicht einmal eine windige Herberge, das war pure Not!

Und trotzdem war es richtig so und konnte auch nicht anders sein. Wo etwas Neues in die Welt kommt, da gibt es eine Geburt, und wo es eine Geburt gibt, da gibt es Schwierigkeiten. Es ist nicht möglich, diesen Schwierigkeiten zu entgehen, sie zu umgehen, denn gerade die Überwindung dieser Schwierigkeiten, die Auflösung der Hindernisse und der Sieg des Lebens über die widrigen Umstände ist das Siegel wirklicher Qualität.

Der neue Stall

Diesmal soll es wieder um einen Stall gehen, aber nicht um den Stall vor 2000 Jahren, sondern um einen neuen, und es soll darum gehen, was uns die alte Geschichte jetzt und hier noch zu sagen hat.

Wir spüren ja alle, dass die Weihnachtsbotschaft etwas ist, das sich zu Recht über die Jahrtausende gerettet hat, dass sie in irgendeiner Weise noch immer gültig ist, und vielleicht heute gültiger denn je. Wir haben ein Gefühl dafür, dass etwas an der Sache ist, auch wenn es nicht leicht fällt, es beim Namen zu nennen. Aber doch, wir haben ein klares intuitives Verständnis dafür, was Weihnachten wirklich bedeutet.

So auch hier: Es geht um den neuen Stall. Dieser neue Stall ist ein großes Gebäude, fast schon eine Fabrik, in der vieles automatisch vor sich geht, die Fütterung der Kühe, das Melken, und vieles andere mehr – aber alles, um den Kühen möglichst viel freien Raum zu geben, und um ihr Leben und ihre Bewegung nicht zu behindern.

Wir stehen draußen und reden, wie es dazu gekommen ist, wie ein überzeugter und engagierter Biobauer zu einer solch großen Halle kommt.

Es trug sich nämlich wie folgt zu: Eines Nachts hatte es am Hof ein Feuer gegeben und der Stall, und zwar der alte, und mit ihm das ganze Heu und die Holzbalken und das Dach waren in Flammen aufgegangen und abgebrannt. Glücklicherweise wurde das Feuer rechtzeitig bemerkt, um die Tiere in letzter Minute zu retten und sie alle unversehrt und heil herauszubringen. Dann musste man verhindern, dass das Feuer auf die anderen Gebäude übergreift. Die ganze Nacht war man damit beschäftigt gewesen, bis im Morgengrauen endlich das Schlimmste vorüber war und sich die Helfer an einen Tisch zusammensetzen konnten, um sich ein wenig zu erholen und etwas Rast zu finden.

Aber dann war etwas anderes Unerwartetes aufgetaucht. Wie der Bauer auf den Innenhof hinausschaut, findet er zu seiner Überraschung, dass er voller Menschen ist. „Was wollt ihr denn da?“, will er schon misstrauisch rufen. Wenn man gerade stundenlang in rauchenden Trümmern aufgeräumt hat, erwartet man eine Schwierigkeit nach der anderen, und ein Menschenauflauf bedeutet doch selten etwas Gutes!

Aber dann löst sich die Spannung, und es ist „wie Weihnachten"! Die Sorge ist umsonst, denn aus der ganzen Umgebung sind nur die Freunde und Bekannten herbeigeströmt, um in ihrer Weise beizutragen und das Unglück zu lindern. Die einen haben den Traktor gestartet und in aller Eile Heu aufgeladen, um den Rindern neues Futter zu bringen, andere haben dieses gebracht, wieder andere jenes, das man in einem solchen Augenblick gut brauchen kann. Vor allem aber bringen sie den guten Willen und das Gefühl mit, dass man nicht allein gelassen wird, wenn etwas passiert.

„Es war wie Weihnachten", sagt der Bauer, die Stimmung, die Menschen, die Situation, in der alle Pläne durchkreuzt und alle Sicherheiten aufgehoben sind, aber gerade dadurch etwas Wunderbares geschieht.

Es gibt einen amerikanischen Weihnachtsfilm, der etwas Ähnliches beschreibt, und der unser Gefühl, worum es bei Weihnachten wirklich geht, besonders schön in Bilder kleidet: Ein Mann hat sich sein Leben lang für eine gute Sache eingesetzt, wie unser Biobauer. Er hat den Menschen in einem kleinen Ort zu eigenen Häusern und Wohnungen verholfen, zu einem echten Lebensraum entgegen aller Hindernisse durch die Profitgier des Umfelds und der Banken.

Viele Jahre hat er diesen Kampf fortgesetzt, aber plötzlich ist er in große Bedrängnis geraten. Durch einen unglücklichen Zufall hat er eine große Menge Geld verloren, das er jetzt braucht, da der Buchprüfer gerade im Hause ist. Es sieht ganz aussichtslos aus, in dieser Winternacht, zufällig ist es gerade Weihnachten, und der Mann will sich schon das Leben nehmen, um wenigstens die Lebensversicherungssumme zu bekommen, als ihm unerwartet Hilfe gesandt wird. Ein „Engel" taucht auf, um ihn vor dem sinnlosen Selbstmord zu bewahren.

Erst will er der Hilfe nicht trauen, sein Helfer hat ja kein Geld anzubieten, aber dann lässt ihn der Engel sehen, was aus der Welt ohne ihn geworden wäre. Hätte er nicht gelebt, was wäre aus der kleinen Stadt geworden, aus den Häusern, die er gebaut, aus der kleinen Bankanstalt, die er gerettet, was aus seiner Frau, seinen Kindern und Freunden? Ja, überhaupt, was würde aus der Welt, wenn nur ein einziger Mensch in ihr fehlen würde?

In dieser Einsicht kommt er wieder zu sich. Trotz aller Katastrophen, trotz aller Mühsal, trotz aller Misserfolge – ist das Leben nicht schön, ist es nicht wunderschön, ist es nicht unglaublich reich an allem?

Wie er mit dieser Einsicht heimkehrt, findet er das Haus voller Menschen, wie unser Bauer. Es sind nicht die erwarteten und geladenen Gäste der Weihnachtsfeier, sondern es sind Freunde und Helfer, die geben und spenden und im Handumdrehen die Summe aufbringen, die er braucht, um die Katastrophe abzuwenden.

Eine rührende Geschichte, ein wenig kitschig vielleicht, aber doch im Wesentlichen wahr.

Weihnachten geschieht immer dort, wo etwas Unerwartetes eine scheinbar aussichtslose Situation wendet.

Und das geschieht immer, indem die Isolierung aufgehoben wird, in die wir Menschen uns gern mit unseren Plänen und Vorstellungen, von dem was richtig und gut ist, verrennen.

Die Gemeinschaft der Menschen und die Verflechtungen der Wirklichkeit sind viel stärker als wir meinen, und auf diese Kräfte kommt es an. Auf sie können wir uns verlassen. Das Vertrauen in diese Wirklichkeit wiederzugewinnen und sie mit anderen zu teilen, das ist immer noch das Herz der Weihnachtsbotschaft.

Weihnachten für Erwachsene

Wollen wir uns nun noch einmal zu den Hirten gesellen, die am Lagerfeuer sitzen und ihre Nachtwache halten. Erinnern wir uns an die Sterne am Himmel, an das Knistern des Feuers und die leisen Geräusche, die an unser Ohr dringen. Und dann, ganz wach und aufmerksam, lassen wir noch einmal dieses eigenartige Unbehagen, diese verhaltene Angst aufsteigen, die sich in der Stille der Nacht und im Dunkeln manchmal unwillkürlich zeigt.

Was hat es mit dieser leisen Sorge auf sich, die gerade dann kommt, wenn alles still wird und in Ordnung ist. Es geht uns gut, unsere Freunde sind bei uns, wir sind sicher und geborgen, und trotzdem haben wir das Gefühl, dass irgendetwas nicht stimmt und dass wir auf der Hut sein müssen. Es könnte etwas Unerwartetes oder Fremdes kommen, etwas, das uns unheimlich ist

– etwas Mächtiges, das uns anrührt und dem wir vielleicht nicht gewachsen sind.

Was hat es mit dieser Unruhe, diesem „Unbehagen in der Kultur", wie Sigmund Freud es nannte, auf sich? Es wäre äußerst verlockend, hier eine theologische Antwort zu geben, aber das werde ich nicht tun. Ich will nicht einmal aufzählen, worüber ich nicht sprechen kann, denn damit würde ich es ja doch sagen. Ich will einen anderen Weg wählen.

Man kann heute nicht mehr wie früher die klassischen Begriffe verwenden, die das Dunkel der Seele in großartige Bilder kleiden. Diese Formen sind zu abgenutzt und wirken nicht mehr. Sie wurden zu oft verwendet und missbraucht, als dass man ihnen noch ganz trauen könnte. Unsere Zeit hat dafür andere Bilder gefunden, neuere und modernere.

Was früher äußere Mächte waren, das hat die Psychologie jetzt im Geist des Menschen geortet; hier müssen wir es heute suchen, in der Sprache der Wissenschaft, also der Psychologie, oder noch besser der Hirnforschung oder gar der Hochenergiephysik. Das ist die Wahrheit, auf die wir uns verlassen, denn wenn man sagt, etwas wäre wissenschaftlich bewiesen, dann beruhigt das die Seele des modernen Menschen ebenso gut wie im Mittelalter der Satz: *Roma locuta, causa finita*, Rom hat gesprochen, die Sache ist erledigt.

Was würde die Hirnforschung also zu diesem Unbehagen sagen? Wahrscheinlich wäre ihre Antwort die folgende: Ständige Angst schwächt das Immunsystem, schadet der

Gesundheit und verkürzt das Leben. Eine ausgeglichene und selbstsichere Haltung hingegen führt zu einem Zustand der Harmonie der Neuronen, der das allgemeine Wohlbefinden fördert.

Wir sollten also alles tun, um diese Angst zu lösen und um zu einem gesunden Grundzustand zu kommen. Nur, wie soll das vor sich gehen, wie kann man das erreichen?

Womit wir sofort wieder beim alten Thema sind: Die Unruhe im Herzen, die wir alle spüren, wenn wir ehrlich sind, lässt sich auf zwei Arten beantworten. Entweder man kehrt zurück ins Kindheitsparadies, in dem man sicher und geborgen war, und in dem die Eltern, Vater oder Mutter, alles für einen in Ordnung bringen konnten. Ein volles Vertrauen, ein Urvertrauen in diese Kräfte war ein sicherer Schutz gegen das Dunkel der Nacht und die Nöte der Welt. Vielleicht ist das einer der Gründe, warum wir heute so gerne Weihnachten mit unseren Kindern feiern. In ihrer Freude, in der Sicherheit und Geborgenheit, die wir ihnen geben können, finden auch wir die Sicherheit und das kindliche Glück, das uns in letzter Zeit mehr oder weniger abhandengekommen ist.

Der andere Weg ist jener des Erwachsenen. Wenn ein Erwachsener einer Gefahr oder einer Not begegnet, dann geht er auf sie zu und meistert sie. Er übernimmt die Verantwortung für das, was geschieht, für das Gelingen und auch für das Scheitern. Er überwindet seine Angst und geht auf ihre Ursache zu, und indem er die Ursache der Angst in sich selbst entdeckt, eröffnen sich für ihn neue Welten und Wege des Handelns.

Auch das ist eine Form des Vertrauens und der inneren Ruhe, wie beim Kind, aber es hat eine andere, reifere Qualität. Es ist nicht die blauäugige Erwartung, dass schon alles von selbst gut gehen wird, es ist auch nicht das übersteigerte und unrealistische Selbstvertrauen, dass man alles in der Hand hat. Es ist vielmehr die tiefe Einsicht und das sichere Vertrauen in die Güte der Wirklichkeit, wenn man sich ihr gegenüber richtig verhält.

Diese zwei Arten des Vertrauens gibt es also, und der Übergang von der einen zur anderen ist nicht so einfach. Es gibt ein breites Feld dazwischen, ein reiches Spektrum von Verhaltensweisen, das man erst überqueren muss, bevor man zu einer gesunden und realistischen Selbstsicherheit gelangt.

Das ist die Phase der Pubertät, in der man nicht mehr ganz Kind ist, aber auch noch nicht ganz erwachsen. Man drängt sich vor, trifft seine eigenen Entscheidungen, aber die Konsequenzen möchte man doch auch wieder nicht tragen und flüchtet sich dann gern in den kindlichen Schutzraum zurück.

Was hat das alles nun mit den Hirten auf dem Feld und mit Weihnachten zu tun?

Nun, zur Zeit Jesu war die Angst der Menschen noch wohlbegründet, bedrängt von allen Seiten, von den Gefahren der Natur, der Not und nicht zuletzt den römischen Soldaten und fremden Machthabern. In dieser Situation war das kindliche Vertrauen in einen himmlischen Erlöser noch recht am Platz: Euch ist ein Kind geboren, dieses Kind wird euer König und dieser König wird euch retten! Das war damals eine klare und verständliche Botschaft, ein einleuchtendes Bild.

Aber schon der Wanderprediger von damals war umhergezogen und hatte mehr gesagt und verlangt als das: Ihr müsst selbst neu geboren werden, jeder von euch, sonst könnt ihr nicht in mein Reich gelangen!

Das war vor gut 2000 Jahren und mittlerweile ist die Zeit eindeutig weitergegangen. Die Menschheit als Ganzes hat sich entwickelt, wir sind nicht mehr die hilflosen kleinen Kinder von damals, ausgeliefert den Mächten der Natur oder fremden Armeen. Wir sind als Ganzheit reifer geworden, haben uns entfaltet und vieles geschaffen und erreicht, was früher undenkbar war. Damit haben wir aber auch die Führung an uns gerissen. Wir haben jetzt die Herrschaft selbst angetreten. Die Zeit der Kaiser und Könige von Gottes Gnaden ist vorbei, und auch der Vatikan hat in der Welt politisch nichts mehr zu sagen, die Rolle der „Vorsehung" hat sich erschöpft.

Damit sind wir kollektiv, spätestens seit dem Ersten Weltkrieg, in die Phase der Pubertät eingetreten und versuchen nun vorwiegend, unsere Angst vor der Verantwortung und vor dem Unverfügbaren mit den Mitteln der Vernunft niederzuhalten statt, wie früher im Mittelalter, mit kindlichem Vertrauen.

Für Ostern und Weihnachten, die beiden großen Feste des christlichen Glaubens, hat sich daher der Schwerpunkt auch ein wenig verlagert. Früher war die Erinnerung und das Nachvollziehen von „Kreuzestod" und „Auferstehung" das Wichtigste im Jahreskreis, jetzt liegt der Schwerpunkt mehr bei der Geburt.

Solche Entwicklungen haben gewöhnlich einen tiefen Sinn, selbst wenn es oberflächlich betrachtet nicht so aussieht.

Eine Erklärung könnte zum Beispiel diese sein: In unserer materialistischen Zeit wird man nur ungern an das Scheitern, an den Tod und an das Kreuz erinnert, und mit der Auferstehung kann man ohnehin intellektuell kaum etwas anfangen. Die Geburt, das Kind und das Fest der Familie hingegen, das erregt weit weniger Anstoß und lässt sich viel leichter in unser alltägliches Leben integrieren. Zusammen mit dem tollen Geschäft der Geschenke unter dem Weihnachtsbaum und der netten Regression ins Kindheitsparadies hätten wir eine schöne Formel für den Erfolg und die Popularität dieses Events parat. Aber ist das alles?

Liegt nicht gerade in dieser seltsamen Verdrehung der Keim für das Neue, Wesentliche verborgen, wie bei der Figur des Yin und Yang im innersten Zentrum der beiden Pole schon der Keim des Umschlags angelegt ist?

In der Pubertät weiß man nicht so recht, will man voraus oder will man zurück, aber die Entwicklung ist klar: Natürlich geht es voraus. Dasselbe könnte auch für eine reifere Form unseres Weihnachtsfestes gelten.

Zur Zeit Jesu war es das vierte Tier der Danielsvision, das furchtbare Tier mit Zähnen und Klauen aus Eisen, das die Menschen bedrängte und das man wohl als gutes Bild für den Missbrauch der Vernunft und der militärischen Macht im Römerreich verstehen konnte. Von dieser Macht sollte die Menschheit damals befreit und erlöst werden, was einige Jahrhunderte später auch wirklich geschah.

Und heute? Haben sich die Dinge nicht wieder in gewisser Weise ähnlich konstelliert? Jeder Asterix-Leser weiß doch, dass die Römer im Geist der Menschen nach wie vor ihr Unwesen treiben. Der Missbrauch der Vernunft und die militärische Gestaltung der Gesellschaft und des Geistes sind hochaktuelle Phänomene.

Vielleicht kommt das Unbehagen, das wir in der Stille verspüren, das Gefühl, dass irgendetwas nicht in Ordnung ist, gerade von dieser Seite her, von unserer zwangsneurotischen Absicherung gegen alles und jedes, von unseren Organisationen und Gesetzen und Regulationen, die an manchen Orten mehr an die alten Römer erinnern als an eine aufgeklärte Menschheit. Eine Erlösung und Befreiung von diesen Mächten und Kräften täte wahrlich not – und das wäre ein wirkliches Weihnachten für Erwachsene!

Das Wichtigste dabei ist natürlich nicht die intellektuelle Einsicht in die Zusammenhänge, sondern der Umgang mit der eigenen Angst. Die schlimmsten Begrenzungen erleben wir ja nicht bei den ewigen Kontrollen am Flughafen und an anderen Orten des öffentlichen

Lebens, bei der äußeren Überwachung und Überregulation aller Bereiche unseres persönlichen Lebens. Die wirkliche Einengung findet im eigenen Geist statt, wo wir uns selbst unser Römerlager eingerichtet haben, das mühsam versucht, alles unter Kontrolle zu halten, was sich an natürlichen Impulsen regt. Hier müssen wir einschreiten und uns öffnen, wenn wir feiern und den Sinn des Festes erfassen wollen. Das tiefe und reife Vertrauen in die Güte der Wirklichkeit und die Güte der anderen Menschen, das ist es, was uns abhandengekommen ist und das beim Weihnachtsfest neu geboren werden sollte.

Als die Soldaten 1914 aus den Schützengräben kletterten, um mit ihren Kameraden von der anderen Seite, auf die sie eigentlich schießen sollten, zusammenzusitzen, zu essen und zu scherzen oder sogar Fußball zu spielen, da haben sie das Wesentliche dieser Nacht erkannt – den einzigen Geist, der die Menschheit heilen kann, den Geist des Vertrauens und der Liebe zu allen Wesen.

Ein wirklich menschliches Herz, eine wahrhaft menschliche Reaktion, die bereit ist, alle Organisationen und Kriegsmuster zu übergehen, das ist vielleicht die Bedeutung des Menschensohns im 21. Jahrhundert.

Ihr werdet ein Kind finden, das in Windeln gewickelt in einer Krippe liegt. So die Botschaft vor 2000 Jahren. „Werdet erwachsen, lasst dieses Kind in euren Herzen geboren werden, lasst es ausreifen, und handelt dann danach." Das wäre eine Weihnachtsbotschaft, wie wir sie heute brauchen.

Die ganze Schöpfung wartet sehnsüchtig auf das Hervortreten der Söhne und Töchter Gottes: Das bedeutet nicht, dass wir alle göttliche Lichtgestalten werden sollen, es bedeutet einfach, dass wir die Welt hier und jetzt mit einem Geist des Vertrauens erfüllen, der alle Grenzen aufhebt und uns zu einer Gemeinschaft von reifen Menschen macht.

Diesen Geist zu spüren und zu erleben, und auch nur einen Hauch von ihm in uns aufzunehmen, das ist heute das Geheimnis und der Segen dieser langen, heiligen Nacht.

Geschenke

Ein freier Geist, einer, der die ständige Angst abgelegt hat, ist gerne großzügig. Er braucht sich nicht abzusichern und seinen Besitz für sich zu behalten, denn die Freude kommt von selbst, und je mehr er gibt, desto mehr hat er. Diese Einsicht mag verborgen in den vielen Geschenkspäckchen mitschwingen, die wir einander zu Weihnachten überreichen. Ein wahrer Kern in einer seltsamen Schale, ein guter Geist eingewickelt in Geschenkspapier und bunte Schleifen.

Es ist nichts gegen diese Geschenke einzuwenden, beileibe nicht, wenn sie Freude machen und im richtigen Geist und Zusammenhang gegeben werden. Wir können einander beschenken aus der Großzügigkeit, Freude und Verbundenheit heraus, besonders wenn wir nichts dafür erwarten, nicht einmal Dankbarkeit.

Als ich das letzte Mal mit dem Weisen zusammensaß, den unser dritter König in den Bergen traf, der, mit dem er den Tee teilte, um mit ihm über den offenen Geist zu reden und zu meditieren, da begann er nach einiger Zeit der Stille über die natürlichen Wirkungen dieses Geistes zu reden.

Die erste der Tugenden oder *Paramitas*, die sich aus diesem Geist ohne Angst entwickelt, ist die Großzügigkeit, die wiederum mehrere Aspekte hat:

Zunächst das Geben von Dingen, die der Mensch zum Leben braucht. Also Nahrung, Kleidung, Obdach usw. Damit sind wir vertraut und dorthin gehören letztlich auch die vielen Weihnachtsgeschenke.

Die zweite Art der Gaben ist dann der Schutz. Dazu erzählte er die folgende Geschichte: Einmal hatte ein Vögelchen, das von einem Raubvogel verfolgt wurde, sich in das Gewand eines großen Königs geflüchtet, der das kleine Tier sofort unter seinen Schutz nahm.

Der Raubvogel war gekränkt und beschwerte sich bei ebendiesem König, dass ihm so die Beute, die ihm eigentlich zustand, gestohlen wurde.

„Ich werde dich entschädigen", sagte der König und ließ dem Räuber etwas Fleisch bringen. Aber der war damit nicht zufrieden. „Es muss frisches Fleisch sein", sagte er, „gib mir den kleinen Vogel heraus oder du musst mir Fleisch von deinem eigenen Körper dafür geben."

Da nahm, so erzählt die Überlieferung, der König ein Messer und schnitt sich selbst ein Stück aus dem Schenkel, das er dem Raubvogel überließ, um seinen kleinen Schützling zu retten.

Die höchste Art der Großzügigkeit in diesem Sinn, so erzählt der Einsiedler weiter, ist das Opfer des eigenen Körpers, die größte Gabe, die ein Mensch überhaupt für andere bringen kann.

So weit soll es bei den Weihnachtsgeschenken natürlich nicht gehen, aber es ist schon interessant zu hören, wie nahe die Symbole und Bedeutungen von Weihnachten und Ostern miteinander verwandt sind, und wie die Einsichten der einen Kultur die der anderen bestätigen.

Ein wahrhaft glücklicher Geist hat keine Angst, und wer keine Angst hat, kann großzügig sein, großzügig mit den Dingen dieser Welt und sogar großzügig mit dem eigenen Leben, da er den Tod nicht mehr fürchtet. Geburt und Tod liegen nahe beieinander, und beide erinnern an dieselbe Wirklichkeit. Ostern und Weihnachten gehören zusammen.

Wenn die Geschenke also in einem Geist gegeben werden, der an nichts haftet, der auch nichts dafür erwartet, der sich an nichts bindet, sondern einfach nur so, aus der Freude und der Güte heraus, dann eröffnet sich in diesem Akt der Großzügigkeit eine Welt, die über unsere Absicherungen und Begriffe hinausgeht *(Diamant-Sutra)* – und so berührt uns hier ein Hauch der Ewigkeit oder der Geburt des Göttlichen mitten in unserer menschlichen Existenz. Auch das kann Weihnachten für Erwachsene sein!

Gott schreibt auf krummen Zeilen gerade, und vielleicht ist es in diesem Geist sogar möglich, aus der Hektik beim Weihnachtseinkauf etwas Schönes zu machen. Wichtiger als die Sachen und Waren wird dann zum Beispiel die Begegnung mit der gestressten Verkäuferin, die auch einmal etwas anderes erleben will als die ständige geschäftsmäßige Freundlichkeit – oder man praktiziert die Großzügigkeit durch den Freiraum, der im gezielten Weglassen von Ansprüchen und Terminen im Dezember besteht.

Der Profit kommt von dem, was da ist. Die Nützlichkeit kommt von dem, was nicht da ist, sagt dazu das Tao te King: Also ist es der Freiraum, der Raum dazwischen, auf den es ankommt, der die Ereignisse wertvoll macht, und nicht das Anhäufen von immer mehr Dingen.

Der Lichterbaum

Es gibt mehr Dinge zwischen Himmel und Erde als sich unsere Schulweisheit träumen lässt. Auch wenn wir den psychologischen Weg gewählt haben, um uns dem Geheimnis der Weihnachtsnacht zu nähern, so bleibt sie doch ein Mysterium.

Himmel und Erde sind sich in dieser Zeit, in der Zeit der Wintersonnenwende, näher als sonst im Jahr, und die innere und die äußere Welt durchdringen und vermischen sich gegenseitig, wie uns die alten Überlieferungen und Bräuche berichten: Berichte über die Raunächte, über die Wilde Jagd usw.

Auch die subtile Angst, die am Grunde unseres Wesens waltet, jenes „Unbehagen in der Kultur", entzieht sich einer einfachen Erklärung und oberflächlichen Beeinflussung und kann nur von etwas Echtem und Tiefen beruhigt werden. Mentales Training oder psychologische Tricks sind hier völlig wirkungslos.

Es gibt auf diesem Gebiet Phänomene, die sich unserer alltäglichen Sinneswelt entziehen, die aber nichtsdestoweniger, und vor allem unter bestimmten Umständen, deutlich wirksam werden können. Was die Seele dann wirklich beruhigt, was wirklich hilft, ist die Gegenwart heilsamer Kräfte, und diese Kräfte kommen nicht zufällig oder beiläufig, sondern sie sind immer der natürliche Ausdruck einer sonst verborgenen Wahrheit.

Die Hirten am Feld von Bethlehem waren in die Nähe eines solchen großen Ereignisses geraten, das auf sie ausstrahlte und für sie deutlich sichtbar und spürbar wurde. Etwas Ähnliches kann auch heute noch geschehen, wenn uns dieselbe Wirklichkeit berührt. Diese Berührung kann man unterstützen, man kann ihr einen Rahmen schaffen, ihr eine Gestalt geben, die unsere Herzen und Sinne dafür empfänglicher macht als sonst. Es gibt nämlich Umstände, die den Zuspruch guter Mächte wahrscheinlich machen und fördern, und es gibt Umstände, die diesen Einfluss eher verdecken.

Wir alle wissen, dass Kerzenschein, Weihrauch und andächtige Stille eher geneigt sind, das Tor zu einem Mysterium zu öffnen als Lärm, Hektik und egoistische Geschäftigkeit. Eine gelungene religiöse Zeremonie oder eine wirkliche Andacht sind immer noch gute Wege, den Abstand zwischen Himmel und Erde ein wenig zu überbrücken und teilzunehmen am Strom des Segens, der die Menschheit begleitet.

Natürlich ist auch auf diesem Feld nicht alles Gold, was glänzt, und man muss sich vor übersteigerten Erwartungen, vor Aberglauben und esoterischen Glitzerwelten hüten. Das Feld der Täuschung, der Illusion und der seltsamen Verwirrung oder auch der Spielraum ganz banaler Rührseligkeit und Frömmelei sind groß. Trotzdem kann ein schöner Lichterbaum, der am Weihnachtsabend entzündet und so mit Glanz und Leben erfüllt wird, tatsächlich eine Art Transformator geistiger Energien und unsichtbarer Kräfte werden, der weit mehr bietet als nur banale Dekoration.

Die Weihnachtsnacht hat heute noch die Kraft der Verwandlung, wenn man sich auf sie einlässt, und diese Transformation kann man fördern, indem man ihr ein deutliches Bild gibt, einen Kristallisationspunkt, oder in der Sprache der Mythologie: einen Ort, der festlich geschmückt und erleuchtet wird, um den Engeln und anderen guten Wesen einen Ort der Landung in der Menschenwelt zu geben.

Zahlreiche Kulturen kennen Bräuche dieser Art und pflegen sie in je verschiedener Weise. Und unser Weihnachtsbaum ist gewiss eine schöne und würdige Art, den Geist dieser Heiligen Nacht einzuladen, in jede Stube, um bei den Menschen Platz zu nehmen. Er ist dann ein deutliches Zeichen dafür, dass dieser Geist hier geachtet und willkommen ist.

Unsere materialistische Zeit hat auf vieles verzichtet, wohl auch mit gutem Grund, aber manches könnten wir ohne großen Aufwand wiedergewinnen.

Weihnachtslieder

Die Kraft, welche die Musik über die Herzen hat, ist erstaunlich. Wie stellt es der Klang an, so tief in unser Wesen einzudringen, unsere Gefühle zu verwandeln, unsere Erinnerungen zu wecken und unser Lebensgefühl zu heben?

Das gilt sowohl für die großen Werke klassischer Musik als auch für ganz einfache Lieder. Die Marseillaise zum Beispiel, das Kriegslied der Französischen Revolution, war von den Generälen mehr geschätzt als eine Extraration Rum vor der Schlacht. Und schon die chinesischen Kaiser wussten von der Macht der Musik bei den großen staatserhaltenden religiösen Zeremonien, wo die Rührung des Herzens den trennenden Egoismus auflösen sollte, um ein Gefühl der Gemeinsamkeit und des gemeinsamen Ursprungs aller Wesen hervorzurufen.

In vielen Bereichen ist es offensichtlich, dass dem Klang der Musik und dem Gesang des Menschen eine Kraft innewohnt, die dem gesprochenen Wort weit überlegen ist. Die großen Lehrer der Menschheit, etwa Franziskus oder der tibetische Yogi Milarepa, haben in Liedern zu ihren Zuhörern gesprochen, ebenso Homer, der blinde Sänger der Antike, oder die Verfasser des Nibelungenliedes.

Es ist auch so, dass einem Lied gewöhnlich nicht widersprochen wird, im Gegensatz zu einer gewöhnlichen Rede. Man wartet, bis es zu Ende ist, man hört seine Wiederholungen und Schleifen und Reime an, ohne daran Anstoß zu nehmen. Vieles kann man im Lied sagen was sonst nicht möglich wäre.

Warum soll man diese Qualitäten nicht auch für die Weihnachtslieder nützen? Zum Herbeirufen der guten Geister sind die Lieder sicher ebenso gut geeignet wie der Lichterbaum oder die Großzügigkeit der Geschenke.

Natürlich kann man alles missbrauchen und tut es leider auch. Die schönsten Lieder und die tiefsten Weisheiten können, wenn sie zu oft wiederholt werden oder im falschen Zusammenhang auftauchen, das Gegenteil von dem bewirken, wozu sie ursprünglich geschaffen wurden. Das Lied „Stille Nacht" beispielsweise ist sicher inspiriert, eine Botschaft guter Kräfte an die Welt, besonders wenn es in einem Bergdorf zusammen mit dem Klang einer Gitarre in die Welt kommt. Anders sieht es aus, wenn dieses Lied auf Geheiß des Werbestrategen eines Shoppingtempels Hunderte Male von einer kitschigen CD-Konserve abgespielt wird, um die Kauflust der Kunden anzuregen und ein künstliches Gefühl von Wohlbehagen zu erzeugen. Da kann einem die Sache bald über werden, und der schönste Impuls wird zur Plage.

Eine reife Form der Weihnacht wird wohl darin bestehen, hier die Spreu vom Weizen zu trennen, wegzulassen, was künstlich und willkürlich ist, und zu den einfachen und natürlichen Formen zurückzukehren. Das Lied ist ein Lebewesen, das man nicht im Hamsterrad der Werbung oder der gesteuerten Absicht herumtreten lassen darf. Es muss frei sein, seine eigenen Wege gehen dürfen und nur herbeikommen, wenn es das selbst will. Es ist viel schöner, im Wald einem scheuen Reh zu begegnen, das sich vorsichtig heranwagt, wenn man selbst ganz still und ruhig geworden ist, als es im Zoo hinter Gittern anzustarren, wo es sich nicht einmal verbergen kann.

Einmal wanderte ich im tiefen Winter gleich hinter unserem Haus im Wald ein Stück des Weges und blieb dann an einer Aussichtsstelle stehen. Es war eiskalt, etwa minus 20 Grad, und plötzlich spürte ich, dass mich von hinten etwas anstieß. Ich drehte mich um und sah zu meiner Überraschung ein Reh, das denselben schmalen Weg, es war schon eher ein Wildwechsel, entlanggegangen war, wohl ohne genau zu schauen. Durch die große Kälte war der Geruchssinn des Tieres offenbar gehemmt und so war es einfach in mich hineingelaufen und mit mir zusammengestoßen! So etwas kommt vor, und ich freute mich damals ganz besonders über dieses Erlebnis, dass ein wildes Tier mir von selbst so nahe gekommen war.

Genau so ist es, wenn die Natur eines inspirierten Liedes unsere Seele berührt und ihr etwas zeigt und sagt, das in Worten niemals ausgedrückt werden kann. Weihnachtslieder haben diese Kraft, wenn man ihnen die Gelegenheit gibt, sie auch wirklich auszuüben.

4. Satz

Vereinigung

Die Geburt eines neuen Gottes

Damals und heute

Das Interregnum

Das alte Gottesbild verblasst und tritt immer mehr in den Hintergrund. Der christliche Gott verschwindet aus dem öffentlichen Leben, die Kirchen werden leer und manchmal sogar geschlossen und verkauft. Wir leben in einer Zeit der Säkularisierung und das öffentliche Bewusstsein wird mit jedem Tag „weltlicher".

Das scheint eine natürliche Entwicklung zu sein und es hat keinen Sinn, sie zu beklagen oder gar zu verdammen, denn für diese Entwicklung gibt es gute Gründe. Das alte Gottesbild verlässt uns also, aber warum?

Gott kann doch nicht einfach aus dem Universum verschwinden. Er kann uns doch nicht irgendwie abhanden gekommen sein. Viel wahrscheinlicher ist es, dass er gerade dabei ist, seine Gestalt zu wandeln, wie das in der Geschichte der Menschheit schon oft zu beobachten war. So etwas scheint auch heute im Gange zu sein.

Das neue Gottesbild – es wird wohl wieder ein christliches werden, denn dieser Impuls hat seine Wirksamkeit nicht verloren und sein Potenzial ist bei Weitem nicht ausgeschöpft – dieses neue Gottesbild also lässt sich noch nicht greifen oder fassen. Es wird kommen, aber niemand kann genau sagen, woher; niemand kann genau sagen, wie es aussehen wird, und niemand kann genau sagen, wie es letztlich wirken wird.

Die Zwischenzeit, die Zeit, in der wir jetzt leben, ist also eine Zeit des Übergangs: Die alte Herrschaft ist vergangen, die neue Herrschaft ist noch nicht da, und in diesem gefährlichen Interregnum haben andere Kräfte die Führung angetreten als die göttlichen. Ein „Regent" hat sich gefunden, der nun die Geschäfte für uns lenkt.

Das macht nichts, denn dieser Regent ist zunächst durchaus legitim. Schrift und Vernunft waren bei Luther, am Anfang der Neuzeit, die beiden Leitsterne am Weg zur Wahrheit. Die Religion ist weggefallen, also bleibt die Vernunft und damit die Intelligenz und die Willenskraft des Menschen, die bis aufs Höchste gesteigert und entwickelt wird. – Eine faszinierende Entwicklung, der wir hier beiwohnen dürfen, eine Haltung extremer Willensanstrengung, die beispielsweise Winston Churchill meisterhaft so auf den Punkt gebracht hat:

Sure I am that this day we are masters of our fate, that the task which has been set before us is not above our strength: that its pangs and toils are not beyond my endurance. As long as we have faith in our own cause and an unconquerable will to win, victory will not be denied to us.

Sicher bin ich, dass wir am heutigen Tage die Meister unseres Schicksals sind, dass die Aufgabe, die uns gestellt wurde, nicht unsere Kräfte übersteigt: dass ihre Schläge und Mühen nicht über meine Leidensfähigkeit hinausgehen. Solange wir festes Vertrauen in unsere Überzeugung haben und einen unüberwindlichen Willen zu gewinnen, kann uns der Sieg nicht verweigert werden.

Eine großartige Haltung, aber manchmal zugleich die Betriebsanleitung zum Burnout ... Außerdem beinhaltet diese Entwicklung die große Gefahr, dass der Regent vergisst, dass er nur für eine kurze Zwischenzeit, für den Übergang, eingesetzt ist, während der legitime Herrscher fehlt.

Da es hier um Entwicklungen geht, die in Jahrhunderten und Jahrtausenden gemessen werden, kann man nur allzu leicht vergessen wie die ursprünglichen Verhältnisse gesetzt waren und wohin die Geschichte eigentlich zielt. Der Verwalter wird dann dazu neigen, sich selbst zum Herren zu machen und seine wahre Aufgabe zu ignorieren. Dann wird die Macht willkürlich und zur Gewalt, denn wo es keinen Schutz durch Güte und Gerechtigkeit mehr gibt, wo nicht ein Fürst des Friedens regiert, wo nicht „Gott" der höchste Wert ist, da setzen sich früher oder später immer der Egoismus und das Faustrecht durch.

Das gilt ganz besonders im übertragenen Sinn, denn der Ort, an dem hauptsächlich gekämpft wird, ist nicht mehr das Schlachtfeld, sondern die Wirtschaft und das Geschäft. Es hat schon einen Grund, warum die besten Plätze im Flugzeug oder in der Bahn heute „Business Class" genannt werden.

Diese Entwicklung spielt natürlich auch eine entscheidende Rolle für das Weihnachtsfest, denn wenn der Gott unserer Zeit die Vernunft, die Willensanstrengung, also der Wettbewerb und der Markt geworden sind, die Leitsterne unserer Gesellschaft, dann ist es klar, dass diese Werte auch das Weihnachtsfest innerlich und äußerlich dominieren werden.

Wenn die Einkaufsstraßen schon Wochen oder gar Monate vor dem Fest entsprechend dekoriert sind, wenn die Weihnachtslieder aus allen Lautsprechern tönen und an jeder Ecke eine „Blaskapelle" aufspielt, um Kunden anzulocken, dann wird auch hier der Geburt eines neuen „Gottes" gehuldigt – allerdings nicht eines Gottes des Erbarmens, der für seine Geburt mit einem Stall zufrieden ist, sondern einer ganz anderen Kraft: Dies ist dann ein Bild für den Verwalter, der sich selbst zum Herren gemacht hat und der nun den legitimen Herrscher an den Rand drängt, wenn er ihn nicht gar zu ermorden versucht, wie einst König Herodes.

Die äußeren gesellschaftlichen Entwicklungen können wir beklagen, aber kaum verändern, und vielleicht haben sie einen Sinn und spielen eine wichtige Rolle in diesem Übergang. Was wir aber ganz sicher verändern können, worauf wir eingehen können, ist das Spiel der Kräfte in unserem eigenen Geist und in unserer eigenen Seele.

Wenn ein neuer Gott geboren wird, dann geschieht dies nämlich zunächst im Herzen der Menschen. Wenn sich das Gottesbild wandelt, dann als Erstes in Gefühlen, Träumen und Intuitionen, in Stimmungen und besonders in der Freude am Leben und in dem Gefühl der Befreiung und Erleichterung.

Dieses Gefühl tritt vor allem dort auf, wo die Herrschaft der alten, dominierenden Kräfte nachlässt oder ganz aufhört. Dort, wo die übersteigerte Willenskraft ein wenig entspannt wird, wo die Konkurrenz der Synergie

weicht, dem Zusammenklingen, dort wo die Geschäfts-
logik durch wahre Güte ein wenig vermenschlicht wird,
dort wo das oberflächliche Theater einer wirklichen
Betroffenheit und Offenheit weicht, dort lockert sich
auch der Griff des Verwalters, der seine Macht nicht abgeben will, und das Kommende, noch kaum Erahnte,
kann ein wenig spürbar werden.

Solche Momente und Situationen zu konstellieren, das
scheint im Augenblick die beste Art zu sein, um den Weg
der Hirten nach der Begegnung mit den Engeln hin zur
Geburtsstätte des neuen Kindes nachzuzeichnen.

Erinnern wir uns:

*Als die Engel sie verlassen hatten und in den Himmel
zurückgekehrt waren, sagten die Hirten zueinander:
Kommt, wir gehen nach Bethlehem, um das Ereignis
zu sehen, das uns der Herr verkünden ließ. So eilten sie
hin und fanden Maria und Josef und das Kind, das in
der Krippe lag.*

Was werden wohl wir am Ziel unserer Wanderung erleben und finden? Auch ein Kind, das in Windeln gewickelt in einer Krippe liegt, oder etwas anderes? Auf
jeden Fall sollten wir genau wissen, wohin wir gehen
und was wir suchen, denn ...

*... als sie es sahen, erzählten sie, was ihnen über dieses
Kind gesagt worden war. Und alle, die es hörten, staunten über die Worte der Hirten.*

Maria

Maria aber bewahrte alles, was geschehen war, in ihrem Herzen und dachte darüber nach.
Die Hirten kehrten zurück, rühmten Gott und priesen ihn für das, was sie gehört und gesehen hatten; denn alles war so gewesen, wie es ihnen gesagt worden war.

Da ist ein alter Mann, ein sehr alter sogar, er geht schon auf die hundert zu. Er hat es in seinem Leben nicht leicht gehabt, eine schwere Jugend und dann der Krieg, in dem er mehrmals nur um Haaresbreite dem Tod entgangen war. Ein Mal war es ihm durch seinen Mutterwitz und seine praktische Intelligenz gelungen, der Einziehung in eine SS-Kampfeinheit zu entgehen und auch sonst hatte er viele Gefahren zu bestehen. Dieser Mann wurde später Maurer, ein guter Handwerker mit Geschick und Improvisationstalent. Und einmal ist ihm folgende Geschichte passiert, die ihm im Gedächtnis geblieben ist und die er gerne erzählt.

In einer großen Stadt, an einem hohen Gebäude, war einmal die Fassade zu reparieren, und dazu hatte man ein Gerüst an der Außenwand errichtet. Auf diesem Gerüst, ziemlich hoch oben, war er gerade bei der Arbeit, als durch irgendeinen unglücklichen Umstand plötzlich das Gestell in sich zusammenbrach. Geistesgegenwärtig sprang unser Mann in die Krone eines der großen Bäume, die dort standen, und es gelang ihm, sich an einem Ast festzuhalten.

Für den Augenblick war er gerettet, aber was sollte er jetzt tun? Sehr lange konnte er sich hier, nur an den Händen hängend, nicht halten, und so begann er laut um Hilfe zu rufen. Glücklicherweise waren Menschen auf der Straße, die seinen Ruf beantworteten, und die Feuerwehr mit einer großen Leiter herbeiriefen, die nach einiger Zeit auch tatsächlich kam.

Während des bangen Wartens, unklar, ob die Kraft ausreichen würde, um sich bis zum Eintreffen der Hilfe festzuhalten, hörte er die Leute von unten immer wieder etwas heraufrufen, aber er konnte sie in seiner Aufregung und Anstrengung nicht verstehen. Im letzten Moment, gerade als er fürchtete, die Kräfte würden ihn jetzt verlassen, kam die rettende Hilfe, die Leiter und ein Feuerwehrmann, der ihn in Sicherheit brachte.

Unten angekommen fragte er die Leute, was ihr Geschrei zu bedeuten gehabt hatte, und sie zeigten nach oben: Nur zehn Zentimeter unter seinen Füßen wäre ein zweiter Ast gewesen. Er hätte sich nur ein wenig ausstrecken müssen, den Krampf der Arme ein wenig lockern, und er hätte sich bequem daraufstellen können, um auf die Rettung zu warten.

Diese Geschichte und diese Einsicht hatten sich tief in sein Gedächtnis eingegraben, denn ist es nicht wirklich so? Ist nicht meistens der rettende Ast ohnehin schon unter unseren Füßen, wenn wir nur bereit sind, uns darauf einzulassen und abzustützen?

Es gibt eine schützende und helfende Kraft für uns in dieser Welt, die gerne mit weiblichen Bildern der mütterlichen Fürsorge und Sanftheit beschrieben wird. *Der Talgeist stirbt nie. Nütze ihn, er wird niemals versagen,* sagt dazu die chinesische Überlieferung des Tao te King.

In der christlichen Tradition ist es gewöhnlich die Gestalt Mariens, die den Menschen in ihren irdischen Nöten zu Hilfe kommt, und die man daher gerne anruft. Maria ist bescheiden, aber nicht unterwürfig, sanft aber nicht schwach. Sie ist die Weisheit und die Mutter Gottes, die sich niemals hervordrängt.

Es gibt keine Geburt ohne Mutter, aber zu Weihnachten steht das Kind eindeutig im Mittelpunkt. Maria tritt bescheiden zurück, aber natürlich ist sie auch hier die Hauptperson des Geschehens.

Hätte ihn nicht meine Schönheit verführt, glaubt ihr, er hätte jemals Gestalt angenommen, inmitten seiner Schöpfung? Musste sie ihm nicht zuerst einen Pfad der Sehnsucht entwerfen? In solchen und ähnlichen Worten spricht die „Hymne an das Ewig Weibliche" von Teilhard de Chardin oder die Schriften der Weisheit aus dem Alten Testament über dieses Wunder, das für unseren aufgeklärten, protestantischen Geist ein wenig fremd und unverständlich wurde.

Der größte Kuppelbau der Antike, der bis heute erhalten geblieben ist, ist die Hagia Sophia, die Heilige Weisheit, der ehemalige Hauptdom der Christenheit in Konstantinopel, dem heutigen Istanbul, errichtet mehr als 1000 Jahre vor dem Petersdom in Rom. Alle Bilder und Ikonen in diesem großartigen Bauwerk wurden bei der Eroberung durch die Osmanen im 15. Jahrhundert vollkommen zerstört, bis auf eine große Ausnahme: Das Bild Mariens hoch über der Erde in der Apsis des Gotteshauses ist unversehrt geblieben. Warum?

Als Mohammed einmal eine christliche Siedlung überrannte, in der es auch eine Kirche gab, fragten ihn seine Soldaten, ob sie alle Bilder zerstören sollten. Mohammed stimmte zu, ließ aber die Ikone Mariens verschonen, so groß war die Achtung vor dieser hilfreichen und schützenden Kraft, die unter verschiedenen Namen in vielen Kulturen und Religionen dieser Welt verehrt wird.

Daran hatte sich auch der Sultan erinnert, als er nach langem und heftigem Kampf endlich siegreich in die Stadt einzog und die Hagia Sophia betrat.

Wir haben das Vertrauen in diese Kraft ein wenig verloren, überhaupt haben wir uns aus der Religion ein wenig zurückgezogen, und Gott ist für viele von uns tot, wie Friedrich Nietzsche so richtig bemerkt.

Aber das gilt natürlich nur für die Bilder und Vorstellungen der Vergangenheit, mit denen wir unsere Beziehung zu diesen Wahrheiten eingekleidet haben, denn der Name, der genannt werden kann, ist niemals der Ewige Name *(Tao te King)*. Wahrscheinlich ist es gut, dass das alte Gottesbild, das Bild des mächtigen Patriarchen, der thront und straft, langsam verblasst.

Aber dann, wenn die Vorstellung uns nicht mehr daran hindert zu sehen, was eigentlich gemeint war, dann kann ein neuer, reifer Ausdruck Gestalt annehmen und gefunden werden. Dabei wird uns der Hintergrund sicher erhalten bleiben, auch beim Weihnachtsfest, beim Fest der Geburt des neuen Gottes für diese Welt.

Die wahre Mutter, das Ewig Weibliche, wird bleiben, denn das, was vor 2000 Jahren geboren wurde, war ein Gottesbild und Gleichnis, das sich ständig erneuert und erneuern muss.

Johann Wolfgang von Goethe hat dieses Problem für den abendländischen Menschen schon im 17. Jahrhundert gesehen, aufgegriffen und die Frage gestellt, was geschieht, wenn man den dunklen Kirchenraum des Mittelalters verlässt. Er hat den gefährlichen Weg beschrieben, der sich durch den Rückzug aus der Religion und aus dem Pakt mit dem Teufel ergibt, aus der tiefen Liebe zu Gretchen und dem vorläufigen Scheitern dieser Beziehung im ersten Teil des Faust.

Aber schon im zweiten Teil der Tragödie knüpft er den Faden weiter und lässt dieses Verhängnis, das Rätsel der Neuzeit und die Rolle des Verwalters, durch den webenden und waltenden Urgrund der Wirklichkeit überwachsen und auflösen. Er schließt den Bogen mit den berühmten Worten:

> *Alles Vergängliche*
> *Ist nur ein Gleichnis;*
> *Das Unzulängliche,*
> *Hier wird's Ereignis;*
> *Das Unbeschreibliche,*
> *Hier ist's getan;*
> *Das Ewig-Weibliche*
> *Zieht uns hinan.*

Im tiefsten Dunkel
strahlt ein helles Licht

Eines Nachts, als alles still war,
da hatte ich einen Traum:
Ich sah eine große, glänzende Pauke
mit goldenem Licht überall.

Strahlend wie die Sonne
leuchtete sie allüberall
und alle zehn Himmelsrichtungen
wurden von ihr erhellt.

Das Bekenntnis im Sutra vom Goldenen Licht

Im tiefsten Dunkel der Seele geht ein spürbares neues
Licht auf: darüber gibt es viel zu sagen – und dieses
Buch ist geschrieben, um in einer kalten Winternacht
den Menschen das Herz zu wärmen und sie ein wenig
näher zueinanderzuführen.
Aber wie kann das gehen? Wie können ein paar ge-
schriebene Worte in einem Buch die Trennwände ab-
bauen und uns wärmen wie ein Glas Kirschgeist?
Es sind natürlich nicht die Worte, sondern es ist nur
die Wirklichkeit, aus der sie geschöpft sind, die so etwas vermag.
Ich weiß nicht, warum es so ist, aber ein helles Licht
kann nur im tiefsten Dunkel aufgehen. Die Welt entwickelt sich nicht weiter und weiter und weiter immer
nach oben, sondern sie fließt in Wellen, vor und zurück, und wie ein Baum setzt sie bei jeder Schwingung

einen neuen Jahresring an. So wachsen wir, und so entwickelt sich alles Natürliche.

Immer wieder müssen wir loslassen, aufgeben und in das Dunkel zurücksinken, um neu aufstrahlen zu können.

Dazu brauchen wir, besonders am Übergang, großes Vertrauen und tiefe Zuversicht in die Güte des Universums, dass wir nicht einem gefühllosen und unbeteiligten Mechanismus ausgesetzt sind, der uns früher oder später mit Gewissheit wieder vernichten und auslöschen wird, sondern dass nach jeder Dunkelheit, wie tief sie auch sein mag und wie lange sie auch dauern will, ein neues Licht geboren wird.

Wir sitzen mit den Hirten am Lagerfeuer und halten unsere Nachtwache. Es ist eine lange Nacht und wieder beschleicht uns diese Angst. Woher kommt sie, was ist ihr Wesen?

Kommt sie nicht aus unserem Ego-Krampf, aus dem Versuch, alles festzuhalten und unter Kontrolle zu bringen, was uns natürlich niemals gelingen kann? Ist es nicht unsere Angst vor dem Loslassen, dem Hingeben und dem Vertrauen, dass zehn Zentimeter unter unseren Füßen schon der nächste Ast auf uns wartet ... wenn wir den Zugriff ein wenig lockern und unsere Arme entspannen? Der weibliche Grund webt und waltet und fängt uns auf, wenn wir uns ihm anvertrauen.

Unsere Vernunft ist eine wunderbare Sache, aber sie hat die Tendenz zur eiskalten Berechnung zu werden, in der unsere Herzen erstarren und erkalten. Dann wird es auch kalt um uns herum, selbst in der wärmsten Stube und bei den liebsten Menschen. Unsere Vernunft wird so wie ein Schwert, das die Wirklichkeit in Stücke haut und alles voneinander trennt.

Wir bauen uns aus diesen Stücken ein Gerüst und ein Gestell, das uns trägt und auf dem wir höher und höher steigen. Aber immer müssen wir fürchten, dass es unter uns zusammenbricht, und damit wächst unsere Angst und wir können keine Veränderungen mehr ertragen.

Aber wenn das Gerüst schließlich zusammenbricht, was früher oder später unweigerlich geschieht, dann gibt es auch einen Baum, in den wir uns retten können, der uns auffängt und Sicherheit und Schutz gibt, wenn wir darauf vertrauen.

Das hat nichts mit den billigen Vertröstungen zu tun, mit denen wir oft versorgt werden, etwa: *Der Papa wird's schon richten, er kennt ja seine Pflichten!* Oder: *Werft eure Sünden auf Jesus!* Das ist wirklich Opium für das Volk, um es vom Denken abzuhalten. Das ist eine unreife, kindische Form des Vertrauens. Das meine ich hier nicht.

Was ich meine, ist die tiefe Einsicht, das Glück und die Befreiung, die kommen, wenn die Angst überwunden wird und der Druck nachlässt. *Fürchtet euch nicht!* Das war die erste Botschaft der Engel an die Hirten. Fürchtet euch nicht, denn euch geschieht nichts Böses in der dunklen Nacht, wenn ihr dem Licht vertraut, das hier aufgeht. Geht auf eure Angst zu, akzeptiert sie und erkennt sie in ihrem Wesen.

Es ist unser kleines Ego, das sich immer fürchtet und fürchten muss und sich nach allen Seiten absichert, gegen alle anderen, gegen alles Fremde.

Aber wenn die Trennwand fällt, wenn sich die uralten Pforten heben, wenn der König der Gerechtigkeit kommt, dann verschwindet diese Angst und macht einer großen Freude Platz, der Freude, dass in der größten Not das tiefste Glück geboren wird.

Jedes Jahr wiederholt sich dieses Wunder, und jedes Jahr sind wir eingeladen, selbst daran teilzunehmen. Wir sind eingeladen, dieses Ereignis auch bei uns selbst vorzubereiten und möglich zu machen, die Stille und die Dunkelheit auszuhalten und uns in den Rhythmus der Erde und des Universums einzuordnen.

Wenn wir die glitzernden Weihnachtsdekorationen in den Geschäftsstraßen sehen, gibt es dahinter auch den Abendhimmel. Wer hindert uns daran, unseren Blick mehr auf den Hintergrund zu lenken als auf die äußere Fassade? Der Vordergrund – das ist unser waches Bewusstsein. Der Hintergrund – das ist unsere Seele; und auch dieser können wir in den vier Wochen vor Weihnachten, im Advent, unsere Aufmerksamkeit schenken. Unser wahres Wesen liegt nicht in den Gedanken und der Vernunft, sondern in der Aufmerksamkeit, die wir dem einen oder dem anderen schenken können, dem Vordergrund oder dem Hintergrund. Und was für den Vordergrund dunkel erscheint, ist dem Hintergrund ein kommendes Licht: keine leere Vertröstung, kein Warten auf Godot, kein sinnloses Hoffen, sondern vollkommene und ruhige Sicherheit.

In dieser Sicherheit eröffnet sich das Herz, es wird warm und groß und weit, denn es muss sich nicht mehr gegen alle anderen schützen. Es breitet sich aus, ungehindert und ungehemmt, bis es alles umfasst und liebevoll in sich aufnimmt, wie eine Mutter ihr einziges Kind, nur mit dem Unterschied, dass hier alle Wesen gemeint sind.

Unser Gewahrsein hat dieses Potenzial, und wenn wir uns daran erinnern, wenn wir es für möglich halten, dann sind wir am besten Weg das Kind wiederzufinden, das in Windeln gewickelt vor 2000 Jahren in einer Krippe lag, und das wir bis heute verehren, weil es uns auf diesem Weg einen großen Schritt voraus ist.

Weihnachten ist der Garant dafür, dass unsere Entwicklung längst gelungen ist, dass sie nicht mehr schiefgehen kann und dass das Ziel längst erreicht ist, auch wenn es oft nicht so aussieht. Wir sind in ein Geschehen eingebettet, das sich um uns herum vollzieht und dessen Ausdruck wir sind, ob wir es mit unserem beschränkten Horizont und unseren kleinen Gedanken bemerken oder nicht. Und dieses Geschehen lässt jedes Jahr in uns ein neues Licht aufgehen, das wir annehmen können – oder auch nicht.

Wenn wir es aber annehmen, dann wächst es in uns auf, erwärmt uns von innen, führt uns zu den anderen und strahlt im Sommer aus wie ein prächtig leuchtendes Juwel.

– Man nennt es Liebe.

Andacht

Dritte Meditation

Es gibt Momente, in denen alles stimmt.
Augenblicke vollkommener Natürlichkeit,
einfaches Glück.

Es kommt manchmal ganz unvermutet,
bei einem Spaziergang durch den Wald,
bei einem Sonnenaufgang, bei einem guten Wort,
mit einem geliebten Menschen,
bei einem Konzert.

Augenblicke großer Natürlichkeit.

Andacht

Dort, wo wir mit dem Ursprung in Berührung
kommen,
der Wurzel unseres Wesens,
der Quelle unserer Rhythmen.

Der Ursprung ist offen und weit.
Wir können ihn nicht erfassen, aber er – oder sie –
erfasst uns.
Dieses Erfassen geschieht in großer Zärtlichkeit und
lässt uns gestärkt und bereichert zurück.

Es ist scheinbar nichts geschehen, und doch ist alles anders.

Nicht hoch und nicht tief,
jenseits des Auf und Ab unseres Alltags und unserer Geschäfte,
und doch mittendrin!

Andacht

Woher wir kommen und wohin wir gehen,
und woraus wir jetzt gemacht sind.

Das, wohin sich unser Geist richtet, die Dimension,
die er annimmt,
die Weite, die er umfasst.
Das, wohin sich unsere Seele ausrichtet,
das sind wir.

Andacht

Vollendung

Wie soll man nun Weihnachten feiern, wenn man dem Rat dieses Buches folgt? Wie soll man Weihnachten für Erwachsene feiern, wenn man die Weihnacht für die Kinder mit Anstand hinter sich gebracht hat – oder ihr elegant ausweichen konnte – oder sie sogar sinnerfüllt erlebt hat?

Wie soll der Abend weitergehen, wenn die traditionellen Formen abgeklungen sind, die Kinder sich zurückgezogen haben und der Tag in die Nacht übergegangen ist?

Worauf kommt es jetzt an?

Soll man ausgehen, einen anderen Ort aufsuchen, die Mitternachtsmette etwa, oder sich mit Freunden betrinken; soll man sich mit der Geliebten zurückziehen oder soll man einfach nur so durch die Straßen der Stadt wandern?

Weihnachten für Erwachsene, worauf kommt es an?

Ist es nicht der Kampf des Herzens, die Verhärtung in der Angst der ewigen Konkurrenz, des ständigen Wettbewerbs im Leben, dieser Ego-Krampf, der vielleicht in den vergangenen Tagen und Stunden ein wenig angerührt, aufgeweicht und aufgerüttelt wurde, ist es nicht dieser Knoten oder, besser, die Auflösung dieses Knotens? Ist es nicht das, worum es heute geht?

Aber ich, ich habe doch keinen solchen Knoten – oder wenn, dann nur ganz selten oder ganz schwach – so wollen wir zunächst sagen; und es ist auch sinnlos, hier zu widersprechen!

Also gehen wir weiter unseren Weg.

Was trennt uns von dem natürlichen Glück, das in uns wohnt, das wir aber viel zu selten spüren. Was hält uns gefangen und macht uns unfrei, schlimmer als die Römer zur Zeit Jesu? Wie können wir unserer eigenen Sorge entgehen, dem Staub, den wir durch unsere ständigen Überaktivitäten aufgewirbelt haben und der uns jetzt beim Innehalten einholt und von allen Seiten überdeckt?

Wohin führt unser Weg?

Wenn wir uns an die großen Fragen des Lebens erinnern, an die Fragen, die wir uns selbst in der Pubertät und manchmal in den großen Krisen gestellt haben, wenn wir an diese Dinge denken, haben wir da eine Antwort? Ich meine keine rasche Antwort, keine weisen Sprüche oder guten Ausreden oder billigen Witze, mit denen wir schnell bei der Hand sind. Ich meine eine wirkliche Antwort, die uns im innersten und tiefsten Wesen beruhigt. Haben wir so eine Antwort, ist sie uns zugänglich, können wir sie finden, wenn wir danach fragen?

Seien wir doch ehrlich. Wir sitzen wie ein Vogel in einem Käfig. Einmal hacken wir gegen diesen Eisenstab, dann wieder gegen jenen, aber es nützt uns alles nichts. Wir kommen nicht heraus. Und so machen wir es uns im Käfig gemütlich. Wir sorgen für gutes Futter, wir sorgen für gute Unterhaltung, und wir sorgen dafür, der wichtigste und größte Vogel im Käfig zu sein. Aber trotzdem, das ist keine Lösung.

Wir müssen uns aufmachen und die Tür finden, und bei der Tür müssen wir den Riegel finden, den wir öffnen, um die Tür zu öffnen.

Die meisten von uns haben den Versuch längst aufgegeben, weil sie glauben, dass eine solche Tür und ein solcher Riegel gar nicht existieren und halten jene für dumm oder rückschrittlich, die sich nicht mit den sogenannten Realitäten des Lebens zufriedengeben können, die nicht um mehr Futter, eine schönere Sitzstange und eine bessere Position kämpfen, sondern die immer noch müßig herumsuchen.

Aber diese Suche ist nicht vergeblich, denn es gibt einen Ausweg aus dem Käfig, es gibt eine Lösung des Krampfes und es gibt eine Alternative zu Wettkampf und Egoismus.

Mitten in der Nacht ist ein Kind geboren, ein hilfloses kleines Kind in der Krippe. Aber sogar Ochs und Esel haben erkannt, dass dieses Kind der Ausweg aus ihrer Gefangenschaft ist, der Befreier und der Retter aus dem Käfig der selbst gemachten zwangsneurotischen Verhaltensmuster! *Ochs und Esel erkennen ihren Herrn, nur Israel ist blind, nur mein Volk hat keine Einsicht!*

Seit Jahrtausenden werden wir daran erinnert, dass es einen Ausweg gibt, dass der Käfig eine Tür hat, und die Tür einen Riegel.

Some people feel the rain.
Others just get wet.

Mache Leute fühlen den Regen,
Andere werden einfach nur nass.

Das Geheimnis der Weihnachtsnacht besteht darin, diesen Riegel zu finden und ihn zu heben, die Tür zu öffnen, die Sicherheit der Gefangenschaft hinter sich zu lassen und loszufliegen in die Freiheit der Kinder Gottes.

Wer sich auf diesen Weg macht, ganz egal was er äußerlich tut, ob er in tiefe Meditation versinkt oder in die Arme seiner Geliebten, ob er durch die Straßen wandert oder sich mit seinen Freunden betrinkt, ob er auf der Skihütte vor die Tür tritt und das Sternenzelt bewundert oder ob er einfach nur zu Hause bleibt – wenn er diesen Schritt vollzieht, dann ist Weihnachten gelungen.

Weihnachten für Erwachsene.

Das Weihnachtsmysterium

Nach alledem, was wir jetzt gesehen und gehört haben, nach alledem, was wir gelesen, gedacht und meditiert haben, nach der Prophezeiung vom Menschensohn, der wahren Gerechtigkeit, den drei Königen mit ihren Weisheiten von Göttern und Menschen, von Bergen und

Flüssen und von der Kraft des Natürlichen, nach der Verbindung mit unserem Kontinent Europa, dem Stall von Bethlehem, den Geschenken und Liedern und der gefährlichen Unreife unserer Kultur, nach dem mütterlich webenden Urgrund und Goethes großen Worten, nach der Erfahrung des Maurers mit dem rettenden Ast unter seinen Füßen, nach dem Käfig mit seiner Tür, nach all diesen vielen Dingen wollen wir uns noch einmal frei machen und ganz von vorne beginnen.

Wir sitzen wieder in dieser langen und kalten Winternacht am Feuer. Wir ziehen das raue Wolltuch über unsere Schultern, es kratzt ein wenig, aber dafür gibt es freundliche Wärme, so wie die knisternden Flammen vor uns. Und wieder lassen wir uns mit den Hirten und Hirtinnen in eine Meditation fallen, um das Geheimnis dieser Weihnachtsnacht zu ergründen, um die großen Schätze zu spüren, die darin verborgen liegen.

Wenn wir ein wenig still geworden sind, wenn sich unsere Gedanken ein wenig beruhigt haben, dann können wir unseren Geist allmählich auf das Wesentliche richten, auf die innersten Kammern unserer Seele. Hier hat sich viel Gerümpel angesammelt, im Lauf des vergangenen Jahres – und vieler anderer vorher.
Aber bevor wir genauer hinsehen, freuen wir uns!
Wir freuen uns darüber, dass wir überhaupt da sind, dass wir einen menschlichen Körper haben, dass wir am Feuer sitzen und mit unseren Freundinnen und Freunden zusammmen sein können, dass uns das Leben durchpulst,

und dass wir eine Fülle von Möglichkeiten vor uns haben, die wir vielleicht noch gar nicht kennen.

Dann erinnern wir uns einen Augenblick lang an die Grenzen unseres Daseins, an den Tod, an das große Rätsel am Ende unserer Tage, das aber doch alles Einzelne so wertvoll macht, unwiederbringlich und einzigartig.

Und schließlich erinnern wir uns an unsere Geschichte, die wir mitnehmen, wenn wir dieses Ende durchschreiten, jene Dinge, die uns begleiten werden, die mit unserem Wesen so verwoben sind, dass wir sie nicht ablegen können, selbst wenn wir es wollten.

Zuletzt riskieren wir sogar einen Blick auf unseren eigenen Schatten, auf die Seiten unseres Wesens, von denen wir lieber nichts wissen wollen, die aber trotzdem zu uns gehören, um uns Tiefe und Bedeutung zu geben. Mit alledem bewegen wir uns nun langsam in das Mysterium der Weihnachtsnacht.

Wie sollen wir mit all unseren Geschichten umgehen, wie sollen wir die vielen Rätsel lösen und all die unmöglichen Aufgaben, die uns hoffnungslos überfordern, wie sollen wir die unzähligen Herausforderungen bewältigen, die uns das Leben stellt, und die uns immer wieder in unauflösliche Widersprüche verwickeln?

Wir sind sonst schnell mit unserem Latein am Ende, aber heute Nacht wollen wir nicht darüber nachdenken oder grübeln, sondern einfach weitergehen.

Und wenn wir wirklich weitergehen, dann nähert sich zunächst ein feines Rauschen, die Flügel der Engel, die uns zurufen: *Habt keine Angst, habt keine Furcht!* Bei euch ist jedes einzelne Haar am Kopf gezählt. Euer Leben hat Bedeutung in diesem Universum, und wir sind ausgesandt, euch zu helfen, euch Befreiung und Friede zu verkünden, vertraut uns ... Das leise Rauschen wird zu einem mächtigen Strom, eine gewaltige Erscheinung ergreift uns, die uns die Sinne raubt.

Aber Gott ist nicht in diesem Sturm.

Also beruhigen wir uns wieder und gehen weiter. Wir durchwandern die Kammern unserer Seelen so wie die Hirten die Wüste auf dem Weg zum Stall, wo sie das verheißene Kind suchen. Ebenso wandern wir durch unseren Geist, ob da nicht auch die Spur einer neuen Geburt zu finden ist.

Die Natur funktioniert doch so. Sie arbeitet nicht an unlösbaren Problemen weiter und weiter herum, sondern sie überwächst sie einfach. Sie lässt die alten Blätter sterben und zu Boden fallen, wo sie bald darauf zum Humus für das nächste Jahr werden.

So reinigt sich auch unsere Seele von innen her, sie lässt Altes absterben und verwandelt es zu neuem Leben.

Wenn wir nun dem Strom der Erneuerung folgen, diesem ständigen, ruhigen Fließen, das im Grunde unseres Gewahrseins waltet, das wir so selten achten oder auch nur bemerken, diesem stillen Glück, das mit allem zufrieden ist, dann sind wir mit unserer Wanderung auf dem rechten Weg.

Und dann erscheint in der Ferne eine unscheinbare Hütte. Nichts Besonderes, das Natürlichste auf der Welt, etwas, das einfach dahin gehört.

Diese Hütte finden wir allerdings erst, wenn wir gründlich entrümpelt haben, wenn wir den Palast des Herodes und seine Machtspiele weit hinter uns gelassen haben, wenn wir auf all unseren Besitz, unseren Reichtum, unsere Titel und unsere Hobbys vergessen haben, erst dann wird diese kleine Hütte sichtbar.

Gott ist nicht im Sturm, im Erdbeben oder im Feuer, er ist nicht einmal im Gesang der Engel, aber *Er ist da*! Er ist da in der neuen Geburt des Kindes in dieser unscheinbaren Hütte, in diesem Stall am Rande der menschlichen Zivilisation, am Übergang zum Tierreich, im ursprünglichen Lebenskeim. Hier bringt die Mutter Natur ständig Neues hervor, unsere liebe alte Erde, aber auch in reiner und edler Form Maria oder die Weisheit, die Mutter aller Erwachten, die Mutter Gottes.

Wenn wir es wagen, näherzukommen oder gar einzutreten, wie die Hirten nach ihrer Prophezeiung, wenn wir unsere Angst überwunden haben und wenn wir alles Unnötige beiseite gelassen haben, das uns bindet und belastet, dann begegnet uns hier in dieser Hütte jenes Kind, das vor 2000 Jahren wirklich unter uns gelebt hat, und dann begegnet uns hier – paradoxerweise – Gott selbst, das Unbegreifliche und Unnennbare in einem Ereignis, das Sprache und Worte weit hinter sich lässt.

Das Kind erneuert uns, und wir werden selbst wie neugeboren, das heißt, uns wird ein neuer Anfang geschenkt, neue Hoffnung und neue Perspektiven aus dem welken und erstarrten Boden unserer festgefahrenen Weltsicht. Wir werden daran erinnert, dass wir mehr sind, weit mehr als unsere Pläne und Absichten sich jemals träumen lassen, und dass wir gekommen sind, diesen Wert zu verwirklichen, ins Dasein zu heben und in die Welt zu tragen. In uns wird etwas geboren, das sich nicht beschreiben lässt, sondern das seine eigene Dynamik entfaltet und sich ausbreitet und heranwächst wie ein lebendiges Wesen.

Es ist nicht irgendetwas, dem wir in dieser Hütte begegnen, nicht irgendein Kind oder irgendein Licht, es ist etwas ganz Bestimmtes, Deutliches, Spürbares, „Persönliches", etwas, das wir Christus nennen können oder den Menschensohn – obwohl es viele Namen hat. Diese Begegnung hält eine Weile an, dann verklingt sie wieder und folgt den üblichen Rhythmen unseres Geistes. Die Erfahrung klingt ab, aber nicht ihre Bedeutung oder die Wirklichkeit in ihr:

Das Mysterium der Weihnacht – der Geburt Gottes in der Welt der Menschen.

Das Weihnachtsevangelium

Die Geburt Jesu: Lk 2,1–20

In jenen Tagen erließ Kaiser Augustus den Befehl, alle Bewohner des Reiches in Steuerlisten einzutragen. Dies geschah zum ersten Mal; damals war Quirinius Statthalter von Syrien. Da ging jeder in seine Stadt, um sich eintragen zu lassen.

So zog auch Josef von der Stadt Nazareth in Galiläa hinauf nach Judäa in die Stadt Davids, die Bethlehem heißt; denn er war aus dem Haus und Geschlecht Davids. Er wollte sich eintragen lassen mit Maria, seiner Verlobten, die ein Kind erwartete. Als sie dort waren, kam für Maria die Zeit ihrer Niederkunft, und sie gebar ihren Sohn, den Erstgeborenen. Sie wickelte ihn in Windeln und legte ihn in eine Krippe, weil in der Herberge kein Platz für sie war.

In jener Gegend lagerten Hirten auf freiem Feld und hielten Nachtwache bei ihrer Herde. Da trat der Engel des Herrn zu ihnen, und der Glanz des Herrn umstrahlte sie. Sie fürchteten sich sehr, der Engel aber sagte zu ihnen: Fürchtet euch nicht, denn ich verkünde euch eine große Freude, die dem ganzen Volk zuteil werden soll: Heute ist euch in der Stadt Davids der Retter geboren; er ist der Messias, der Herr und das soll euch als Zeichen dienen: Ihr werdet ein Kind finden, das, in Windeln gewickelt, in einer Krippe liegt. Und plötzlich war bei dem Engel ein großes himmlisches Heer, das Gott lobte und sprach:

Verherrlicht ist Gott in der Höhe,
und auf Erden ist Friede
bei den Menschen seiner Gnade.

Als die Engel sie verlassen hatten und in den Himmel zurückgekehrt waren, sagten die Hirten zueinander: Kommt, wir gehen nach Bethlehem, um das Ereignis zu sehen, das uns der Herr verkünden ließ. So eilten sie hin und fanden Maria und Josef und das Kind, das in der Krippe lag. Als sie es sahen, erzählten sie, was ihnen über dieses Kind gesagt worden war. Und alle, die es hörten, staunten über die Worte der Hirten.

Maria aber bewahrte alles, was geschehen war, in ihrem Herzen und dachte darüber nach. Die Hirten kehrten zurück, rühmten Gott und priesen ihn für das, was sie gehört und gesehen hatten; denn alles war so gewesen, wie es ihnen gesagt worden war.

Im Künstlerzimmer

Nachwort

Ein Buch ist ein lebendiges Wesen. Es entwickelt seine eigene Dynamik, die man nicht einfach vorherbestimmen kann, und die man nicht beeinflussen soll, sondern am besten sich selbst überlässt. Das Ergebnis ist dann manchmal etwas anders als erwartet, aber gerade das macht den besonderen Reiz aus.

Der erste Schritt zu diesem Buch war wohl eine Weihnachtsfeier in Heiligenblut, einem wunderschönen Kärntner Skiort am Fuße des Großglockners. Der Hausherr hatte mich beim festlichen Abendessen eingeladen, bei der anschließenden Feier unter dem Weihnachtsbaum eine kurze „Laudatio" zu halten.
Eine Laudatio? Wen oder was sollte man an diesem Abend loben? Das Haus? Die anderen Gäste? Das Kind in der Krippe?
Das ging alles nicht an, und so begann ich spontan von den Hirten bei ihrer Nachtwache zu erzählen, und vom Chor der Engel, in deren Lob wir nur einstimmen konnten. Und tatsächlich, es wurde still bei den Menschen, und dann füllten die Glocken der nahe gelegenen Kirche den Raum mit ihrem Klang wie Engelsmusik – ein unvergesslicher Abend.

Ein weiterer Baustein war später die Einladung einer Gruppe von Biobauern: ich sollte ihnen doch etwas über den Jahreskreis erzählen, über die großen Rhythmen von Aussaat und Ernte, von der Atmung der Erde, und von den vier Knotenpunkten, also dem Johannisfest mit der Sommersonnenwende, dem Michaelifest bei der herbstlichen Tag- und Nachtgleiche, dem Weihnachtsfest bei der Sonnwende im Winter und dem Osterfest am Frühlingspunkt. So begann ich, mich mit den Überlieferungen zu diesem Thema näher zu beschäftigen, zum Beispiel mit den Metamorphosen bei Goethe.

Der dritte Schritt war dann der Eröffnungsvortrag für den Kostnixladen in Friesach. Es war eine kalte Winternacht, und ich wollte mit meiner Frau vor dem Treffen noch ein wenig in der prächtigen Kirche meditieren, die in dieser Stadt den Hauptplatz ziert, fand sie aber geschlossen. Das war für mich ein symbolisches Bild für den großen Wandel, in dem wir uns befinden: die geschlossenen Kirchen und die Wärme der Menschen guten Willens im Laden gleich nebenan, wohin das Wesentliche jetzt auswandert.

Noch am Vortag hatte ich ein Gespräch mit dem Verlag geführt und dabei kurz den Titel meines Vortrags erwähnt: „Weihnachten für Erwachsene", und dieser Titel war sofort auf fruchtbaren Boden gefallen.

Es ist (leider) meine Art, mich eher mit schwierigen Themen zu beschäftigen, und so hatte ich die vergangenen drei Jahre an einem Manuskript über Leerheit und seine Bedeutung für die abendländische Kultur gearbeitet. So etwas ist zwar interessant, aber schwer zu verlegen. Ein Buch über Weihnachten ist da etwas ganz anderes – und so wurde bei dem Gespräch so nebenbei der Gedanke aus der Taufe gehoben, auch einmal etwas „Leichteres" zu machen.

Ich habe es natürlich nicht geschafft, aus dem Buch etwas Harmloses, Feines und Leichtes zu machen. Das Thema hat mich mitgerissen und fortgeführt und in die Tiefen und die Höhen einer Entwicklung mitgenommen, die uns seit Jahrtausenden durchdringt. Das ist nun einmal keine leichte und kleine Sache.

Kapitel für Kapitel waren dabei natürlich und harmonisch entstanden, in kurzer Zeit und ohne genauen Plan, und dann bemerkte ich, dass sich das Thema in einer Art Sonatenhauptsatzform entwickelt hatte.

Diese Form besteht im ersten Satz in einem Thema, das im zweiten Satz variiert wird. Danach folgt ein Gegenthema und im vierten Satz die Vereinigung der beiden Ströme.

Etwas Ähnliches hatte sich auch hier ereignet: *Die Nachtwache* war der erste Schritt, seine Variation *Die drei Könige*. Das Gegenthema war das Verlassen der Hirten und der Sprung in die Gegenwart mit dem Kapitel *Europa*. Der vierte Schritt schließlich war das Verknüpfen aller Fäden beim Thema der *Weiblichen Seite Gottes*, bei der Kulturgeschichte der Neuzeit, den Rhythmen des Wachstums und der Einbeziehung der Psychologie. Zum Schluss kam noch das Finale im Bild der Befreiung der Seele durch das Öffnen des Käfigs und die Schlussmeditation.

(Diese Sonatenform scheint übrigens archetypisch zu sein, denn sie liegt nicht nur der klassischen Europäischen Musik zugrunde, sondern u. a. auch der asiatischen Poesie in der Form des vierzeiligen Gedichts, das dieselbe Struktur aufweist.)

Ein Buch ist ein lebendiges Wesen und so folgt es auch den natürlichen Gesetzen des Lebens und des Schöpferischen, um auf das Herz der Menschen zu wirken. Möge dadurch wirklich im tiefsten Dunkel der Seele ein wenig Licht aufgehen, und mögen wir etwas näher zueinanderrücken, wenn die Angst vor dem Unbekannten nachlässt.

Dann wird
auch für uns *Friede auf Erden*
und eine *Frohe Weihnacht!*

Aufbau der vier Sätze

Der erste Satz zielt direkt auf das Kernproblem des abendländischen Menschen, auf seine Unruhe und Angst, die auf einer übersteigerten Ich-Entwicklung beruht.

Fürchtet euch nicht, ist die erste Antwort der Engel in der Weihnachtsbotschaft.
Aber diese Furcht wird nicht einfach unterdrückt, sondern im tiefsten Sinne des Wortes erlöst, indem man ihre Ursache beseitigt.

Unruhig ist mein Herz, bis es Ruhe finde in Dir, oh Gott! (Anspielung auf Ps 62) Das ist eine der Grundbotschaften des Kirchenlehrers Augustinus, bei dem das Problem schon in der Antike thematisiert wird, und der mit seinem Denken die westliche Kultur tief geprägt hat.
Diese Ruhe kehrt aber nur ein, wenn der Mensch zu einem realistischen Selbstbild gelangt, das vom Buddhismus in der Philosophie der Leerheit ausgedrückt wird, das heißt in der Philosophie der Erkenntnis der eigenen wahren Natur. Diese Natur ist offen und weit wie der Himmel, nicht beschränkt durch egoistische Impulse.

Und hier erfahren auch Moral und Ethik eine entscheidende Wendung:
Die Dharmas sind weder rein noch unrein, sagt dazu das Prajna Paramita Herz-Sutra, alles ist miteinander

verbunden, und *dieses ist, weil jenes ist ...* Aus dieser
Einsicht in die eigene Natur und zugleich in die tiefs-
ten Verbindungen der Wirklichkeit entsteht ein neues
Handeln, das Jesus in der Bergpredigt so ausgedrückt
hat. *Den Alten wurde gesagt: Aug' um Aug', Zahn um
Zahn, ich aber sage euch, liebt eure Feinde ...*
Hier liegt die Kernbotschaft des ersten Satzes unserer
Symphonie.

Der zweite Satz beschäftigt sich mit den drei Weisen
aus dem Morgenland. Diese Könige sind metaphori-
sche Gestalten, die natürlich in dieser Form niemals
gelebt haben. Sie spielen eine ähnliche Rolle wie etwa
der Kleine Prinz von Antoine de Saint-Exupéry oder
der Prophet von Khalil Gibran.
Die Drei sind angeregt durch die Perikope über die
Sterndeuter (Mt 2,1-12), kommen aber in diesem Text
etwas früher als bei Matthäus, nämlich schon bei der
Geburt des Kindes, um mit den Hirten zu reden.
Die Könige repräsentieren drei philosophische Zugän-
ge, die sich von der monotheistischen Deutung unserer
Kultur deutlich unterscheiden.

Der erste König vertritt dabei die klassische Form der
Religiosität, in der Götter und Menschenwelt eng miteinander verbunden sind, so wie etwa bei den alten Griechen und Germanen oder im heutigen Hinduismus.

Der zweite König vertritt die schamanistische Haltung,
die vor dem Auftreten der Hochreligionen überall in

der Welt verbreitet war, und die man heute noch in Sibirien und bei den amerikanischen Indianern findet, oder bei den Medizinmännern in Afrika. Natur und Mensch sind hier sehr eng miteinander verbunden.

Diese Haltung liegt übrigens auch der Alchemie zugrunde und inspiriert in gewisser Weise die Philosophie von Paracelsus oder Hildegard von Bingen. Goethe war natürlich mit diesem Gedankengut vertraut.

Auch Rudolf Steiner baut darauf auf, denn er war der Herausgeber der naturwissenschaftlichen Schriften Goethes, bevor er sich der Theosophie zuwandte, die er später in seiner Anthroposophie weiterentwickelte.

Er spricht in seinen Vorträgen zum Weihnachtsmysterium ganz offen über den Atemvorgang der Erde.

Der dritte König schließlich vertritt die edle Philosophie des Prajna Paramita, die Philosophie der Leerheit, die unter anderem dem Buddhismus zugrunde liegt. Hier geht es um die Grenzen der menschlichen Wahrnehmungsfähigkeit, besonders was das Göttliche betrifft, und um die Frage, wie man spirituell über Begriffe und Konzepte hinauskommen kann.

Diese Philosophie wird, wie die Zitate andeuten, auch von Paulus z. B. im Römerbrief und von Goethe (*Nichts ist groß als das Natürliche*) vertreten und bildet die Grundlage aller „höheren" Meditationstechniken des tibetischen Buddhismus, dem sogenannten Vajrayana (Diamantweg), der sich u. a. auf das Diamant-Sutra stützt, aus dem auch die Aussage stammt: *Alle Dharmas sind Buddhadharma.*

Der dritte Satz, *Europa*, begibt sich direkt in die Gegenwart und versucht eine Praxis für die philosophischen und theologischen Gedanken der ersten beiden Teile zu entwickeln, eine Praxis, die die Weihnachtsbotschaft mitten in unser tägliches Leben und in unsere Kulturentwicklung hineinträgt.

Die Ursache der Angst wird hier neu interpretiert, nämlich als psychologische Tatsache, die sich aus unserer kollektiven Pubertätskrise ergibt. Unser Ich neigt in dieser Phase dazu, sich aufzublähen und, wie C. G. Jung sagt, in eine Inflation zu geraten, die sehr gefährlich werden kann.

Der Ausweg aus dieser Gefahr besteht in einer Reifung, also in einem realistischen und nicht überspannten Selbstgefühl, wie es von einem erwachsenen Menschen erwartet wird. Dieser „Erwachsene" wird auch eine neue Gottesbeziehung hervorbringen, die seiner Entwicklung angemessen ist.

Der vierte Satz schließlich beschäftigt sich mit der Geburt dieses neuen, reifen Gottesbildes und mit den Hindernissen, die dieser Geburt im Wege stehen.

Das größte Hindernis besteht dabei darin, dass die alten Kräfte ihre Macht nicht freiwillig abgeben wollen und es daher auf diesem Wege zu Verfolgung und Kampf kommen kann. Es ist nicht so einfach, ein neues Selbstbild aufzubauen!

Dazu braucht es die Hilfe der „weiblichen" Kräfte des Universums, die in unserer Kultur mit *Maria* assoziiert werden. Das Wahrnehmen und Achten dieser Kräfte ist die Grundlage für die Weiterentwicklung, die in der Meditation der *Andacht* und zuletzt im *Weihnachtsmysterium* praktisch angeleitet wird.

Quellen und weiterführende Literatur

Augustinus, Aurelius: Bekenntnisse (Confessiones). Reclam, 1989

Baumert, Norbert: Christus-Hochform von „Gesetz". Übersetzung und Auslegung des Römerbriefes. Echter 2012 / Darin: *zu Röm 8,19* besonders p 153ff

Canetti, Elias: Masse und Macht. Fischer, 1980

Dalai Lama: Toward a true kinship of faiths. How the world's religions can come together. Doubleday, 2010

Dzongsar Jamyang Khyentse: Weshalb Sie kein Buddhist sind. Windpferd, 2008

Eliade, Mircea: Schamanismus und archaische Ekstasetechnik. Suhrkamp, 1980

Enomiya-Lassalle, Hugo M.: Zen und christliche Mystik. Aurum, 1986

Goethe, Johann Wolfgang: Faust. Der Tragödie erster und zweiter Teil. (2 Hefte) Reclam 1984

Herr der Yogis: Das Leben von Jetsün Milarepa, Edition Mandarava, Sequoia, 2006

Jaffé, Aniela (Hg.): Erinnerungen, Träume, Gedanken von C. G. Jung. Walter, 1984

Jung, C. G.: Aion. Beiträge zur Symbolik des Selbst. Gesammelte Werke 9,2 Walter, 1985

Jung, C. G.: Psychologie und Alchemie. Traumsymbole des Individuationsprozesses. Walter, 1979

Karmapa Wangtschug Dorje: Mahamudra Ozean des Wahren Sinnes. 3 Teile, Theseus, 1990

Khalil Gibran: Der Prophet. Piper, 2002

Lao Tse: Tao te King. (Handschriftliche Übersetzung ins Englische aus dem Original.) Inedit.

Lorenz, Konrad: Die Rückseite des Spiegels, dtv, 1977

Milarepas Gesammelte Vajra-Lieder: (Die 100.000 Gesänge des Milarepa) Mila'i mGyur 'bum. 3 Teile. Theseus, 1997

Nietzsche, Friedrich: Also sprach Zarathustra. Ein Buch für alle und keinen. Insel, 1976

Patrul Rinpoche: Die Worte meines vollendeten Lehrers. Ein Leitfaden für die vorbereitenden Übungen der „Herzessenz der weiten Dimension" des Dzogchen. Arbor, 2006

Reps, Paul (Hg.): Ohne Worte – ohne Schweigen. 101 Zen-Geschichten und andere Zen-Texte aus vier Jahrtausenden. Barth, 1987

Saint-Exupéry, Antoine de: Der Kleine Prinz. Arche, 1997

Schweiberer, Birgit (Hg.): **Sútra vom Goldenen Licht.** Das Àrya Mahàyàna Sútra vom Heiligen Goldenen Licht, das man den mächtigen König der Sútras nennt. (Àrya-suva-roaprabhàsottama-sútrendra-ràja-nàma-mahàyàna-sútra) Diamant, 2006 / Darin: p 31: *Das Bekenntnis*; und pp 127–140: *Eine königliche Abhandlung über die Pflichten göttlicher Herrscher*

Sharma, Robin: The monk who sold his Ferrari. A fable about fulfilling your dreams and reaching your destiny. Jaico, 2015 / Darin: p 2: Zitat *Winston Churchill*

Sogyal Rinpoche: Das Tibetische Buch vom Leben und Sterben. Ein Schlüssel zum tieferen Verständnis von Leben und Tod. Fischer Taschenbuch, 2004

Steindl-Rast, David: Das Credo: Ein Glaube, der alle verbindet. Herder, 2010

Steindl-Rast, David: Fülle und Nichts: Von innen her zum Leben erwachen. Herder, 2008

Steiner, Rudolf: Das Weihnachtsmysterium. Novalis der
    Seher und Christuskünder. 4 Vorträge, Berlin 1908/1909,
    Köln 1912, Rudolf Steiner Verlag, 1995
Surya Das: Tibetische Weisheitsgeschichten. Heyne, 1999
Suzuki, Shunryu: Zen-Geist, Anfänger-Geist. Unterweisungen
    in Zen-Meditation. Thesueus, 1975
Teilhard de Chardin, Pierre: Der Mensch im Kosmos. Beck,
    1964
Teilhard de Chardin, Pierre: Frühe Schriften. Alber, 1968 /
    Darin: *Hymne an das Ewig Weibliche* (pp 235–248)
Thich Nhat Hanh: Das Diamant-Sutra. Kommentare zum
    Prajnaparamitra **Diamant-Sutra**. Theseus, 1993 / Darin:
    Alle Dharmas sind Buddhadarma: besonders p 105ff
Thich Nhat Hanh: Lebendiger Buddha, lebendiger Christus.
    Verbindende Elemente der christlichen und buddhisti-
    schen Lehren. Goldmann, 1996
Thich Nhat Hanh: Mit dem Herzen verstehen. Kommentare
    zu dem Prajnaparamita **Herz-Sutra**. Theseus, 1999 / Dar-
    in: *Dieses ist, weil jenes ist ...*
Thich Nhat Hanh: Wie Siddharta zum Buddha wurde. Eine
    Einführung in den Buddhismus. Dtv, 2004
Toegel, Johannes: The Sacred Key, to the Union of East and
    West. AuthorHouse, 2005
Zweig, Stefan: Die Welt von Gestern. Erinnerungen eines
    Europäers. Fischer, 1993
Zweig, Stefan: Sternstunden der Menschheit. Fischer, 1987

Der Autor

JOHANNES TOEGEL, Mag. Dr., geb. 1955 in Villach, ist Pionier im interreligiösen Dialog. Er war erfolgreicher Jazz- und Popmusiker, bevor er sich für einige Jahre in eine Felshöhle des Himalaja zurückzog. Seither arbeitet er an der Wiederbelebung abendländischer Spiritualität, gründete 2005 das Wisdom Science Project, gestaltet Radiosendungen und hält Vorträge und Seminare. Zuletzt bei Styria: *Über alle Grenzen.*

Das Vermächtnis des großen „Seelen-Friedensstifters"
und „Königs der Herzen":
Dieses Buch führt zu den Quellen des Glaubens und Geistes, der Menschen- und Gottesliebe, aus denen Kardinal Franz König sein erfülltes Leben gestaltet hat. Bewegende Gedanken und Worte, die Mut machen und Kraft geben, die trösten und inspirieren.

Annemarie Fenzl
Heinz Nußbaumer
**KARDINAL FRANZ KÖNIG
GEDANKEN FÜR EIN
ERFÜLLTES LEBEN**

ISBN 978-3-222-13418-0
192 Seiten | 12,0 x 20,0 cm
€ 15,00

Der Brunnen von Epanosifi steht in einem Kloster nahe der kretischen Hauptstadt Iraklio. Dort wurde Arsenios Kardamakis, der griechisch-orthodoxe Metropolit von Österreich, einst zum Mönch.

Die Begegnung mit dem Kloster und der Insel Kreta, mit Religion und Spiritualität, mit Mythologie und Geschichte, aber auch mit Literatur und Malerei spürt feine Fäden auf, die sich über den Kontinent spannen. „Der Brunnen von Epanosifi" ist ein Reisebuch für Europäerinnen und Europäer.

Christian Rathner
DER BRUNNEN VON EPANOSIFI
Wege zwischen Ost und West

ISBN 978-3-222-13469-2
192 Seiten | 13,5 x 21,5 cm
€ 19,99

IMPRESSUM

ISBN 978-3-222-13513-2

Wien – Graz – Klagenfurt
© 2015 by *Styria premium* in der
Verlagsgruppe Styria GmbH & Co KG
Alle Rechte vorbehalten.

Bücher aus der Verlagsgruppe Styria gibt es
in jeder Buchhandlung und im Online-Shop

styriabooks.at

Lektorat: Nicole Richter
Layout: Bruno Wegscheider, Alfred Hoffmann
Covergestaltung: Bruno Wegscheider
Coverfoto: Thomas Vogel

Druck und Bindung:
Finidr
7 6 5 4 3 2
Printed in EU